Réflexions sur les causes de la liberté et de l'oppression sociale

Simone Weil

Réflexions sur les causes de la liberté et de l'oppression sociale

PAYOT

Retrouvez l'ensemble des parutions
des Éditions Payot & Rivages sur

payot-rivages.fr

NOTE DE L'ÉDITEUR

Réflexions sur les causes de la liberté et de l'oppression sociale date de 1934, époque d'ébullition des extrémismes politiques et du chômage, des grèves et des manifestations, de la violence et des incertitudes. Simone Weil a vingt-cinq ans. Elle ne doute pas. Boris Souvarine, son ami intime, lui demande un texte pour sa revue *La Critique sociale*. Elle se met en congé de l'enseignement, écrit ce qu'elle jugera être son grand-œuvre, puis entre à l'usine, chez Alsthom, car « il ne suffit pas de se soulever contre un ordre social fondé sur l'oppression, il faut le changer, et on ne peut le changer sans le connaître ». Dit autrement : « Tant qu'on ne s'est pas mis du côté des opprimés pour sentir avec eux, on ne peut pas se rendre compte. » Vivre et penser, c'est tout un pour Simone Weil.

Elle veut « éprouver le monde[1] ». Plus tard, Albert Camus, qui la considérait comme « le plus grand esprit de notre temps » et lui voua une véritable passion intellectuelle, affirmera : « Je suis incapable de parler d'autre chose que de ce que j'ai éprouvé[2]. »

Son empathie et sa révolte face à la souffrance et à l'injustice sont totales, mais pas naïves. Quoique semblant habitée par l'oubli de soi, elle agit pour que le monde change. Et pour convaincre, chacun de ses mots, chacune de ses phrases recèlent une énergie limpide. Lire Simone Weil est une expérience merveilleuse de clarté, de chaleur, d'évidence presque poétique[3]. Elle frappe juste. Son jugement, commente Michel Serres, qui lui devait sa vocation

1. Voir l'intervention de l'économiste Geneviève Azam, « Simone Weil, philosophe critique du capitalisme », à l'Université d'été solidaire et rebelle des mouvements sociaux et citoyens, Grenoble, 25 août 2018.

2. Entretien radiophonique avec le poète et journaliste Jean Mogin, 13 septembre 1955.

3. Penser poétiquement, c'est d'ailleurs ce que Hannah Arendt, exacte contemporaine de Simone Weil, elle aussi animée par la passion de comprendre, disait d'un autre « pêcheur de perles » également crucial pour notre temps : Walter Benjamin.

de philosophe, est « toujours bien placé[1] ». Cette perception intangible du « chemin juste », qui conduit « au-delà de la violence et de la haine » (la révolte n'est pas l'insurrection), est un guide d'une efficacité inouïe à une époque où, comme le dit encore Michel Serres, l'erreur et la confusion sont la norme, où « le crime le plus crapuleux peut être confondu avec le courage le plus extraordinaire ».

Parmi les multiples fils qui tissent ce livre, il en est trois qu'on mettra en exergue. L'un est économique. Il repose sur un dialogue critique avec Marx, propose une réflexion sur la technique, condamne un système qui « s'oriente tout entier vers la destruction » et explique pourquoi le capitalisme bute sur l'écologie. L'autre fil est politique. Il pointe notre ambivalence face au travail, une docilité qui masque un désir de servitude, et par conséquent l'importance primordiale de la question de la liberté : « On ne fait pas

1. Dans « Simone Weil par ceux qui l'ont connue », documentaire télé, mars 1994. Serres a été très marqué dès 1947 par sa lecture de *La Pesanteur et la Grâce* ; il raconte que René Girard, l'auteur de *La Violence et le Sacré*, le fut aussi. (Voir son entretien avec Jacques Dufresnes, « Michel Serres et Simone Weil : un même combat contre la force », *L'Agora*, vol. 1, n° 8, mai 1994.)

un peuple libre avec des esclaves. » Qu'est-ce alors qu'une société libre ? Une société où l'on s'empare du savoir pour ne pas le subir, où l'on ne laisse jamais tomber la capacité à penser[1]. Le troisième fil est social. Dès les premières pages, Simone Weil pose la question d'une société qui ne fait aucune place à ses jeunes. Cette société-là n'a pas d'avenir. L'histoire l'a prouvé. Mais cela a-t-il servi de leçon ? Aujourd'hui inquiet, en colère, Mathis, dix-sept ans, affirme comme d'innombrables autres : « Mon avenir, je n'y pense pas, sinon j'explose[2]. » En ce temps tragique de désorientation des idées, de chaos économique et social, et de guerre généralisée, lire ce livre est une urgence.

Pour en savoir plus

ADLER Laure, *L'Insoumise*, Arles, Actes Sud, 2011.

DARGAN Joan, *Simone Weil : Thinking Poetically*, New York, State University of New York, 1999.

ESPOSITO Roberto, *L'Origine della politica : Hannah Arendt o Simone Weil ?*, Rome, Donzelli, 1996.

WEIL Simone, *Œuvres*, édition de Florence de Lussy, Paris, Gallimard, coll. « Quarto », 2000.

1. Voir Christiane Rancé, *Simone Weil : le courage de l'impossible*, Paris, Seuil, 2009.
2. *Le Monde*, 13 juin 2020.

Réflexions sur les causes de la liberté et de l'oppression sociale

« En ce qui concerne les choses humaines, ne pas rire, ne pas pleurer, ne pas s'indigner, mais comprendre. »

SPIN-OFF

« L'être doué de raison peut faire de tout obstacle une matière de son travail, et en tirer parti. »

MARC AURÈLE

INTRODUCTION

La période présente est de celles où tout ce qui semble normalement constituer une raison de vivre s'évanouit, où l'on doit, sous peine de sombrer dans le désarroi ou l'inconscience, tout remettre en question. Que le triomphe des mouvements autoritaires et nationalistes ruine un peu partout l'espoir que de braves gens avaient mis dans la démocratie et dans le pacifisme, ce n'est qu'une partie du mal dont nous souffrons ; il est bien plus profond et bien plus étendu. On peut se demander s'il existe un domaine de la vie publique ou privée où les sources mêmes de l'activité et de l'espérance ne soient pas empoisonnées par les conditions dans lesquelles nous vivons. Le travail ne s'accomplit plus avec la conscience orgueilleuse qu'on est utile, mais avec le sentiment humiliant et angoissant de posséder un privilège octroyé par une passagère faveur du sort, un privilège dont on exclut plusieurs êtres humains du fait même qu'on en jouit, bref une place. Les chefs d'entreprise eux-mêmes ont perdu cette naïve croyance en un progrès économique illimité qui leur faisait imaginer qu'ils avaient une mission. Le progrès technique semble avoir fait faillite, puisque au lieu du bien-être il n'a apporté aux masses que la misère physique et morale où nous les voyons se débattre ; au reste les innovations techniques ne sont plus admises nulle part, ou peu s'en faut, sauf dans les industries de guerre. Quant au progrès scientifique, on voit mal à quoi il peut être utile d'empiler encore des connaissances sur un amas déjà bien trop vaste pour pouvoir être embrassé par la pensée même des spécialistes ; et l'expérience montre que nos aïeux se sont trompés en croyant à la diffusion des Lumières, puisqu'on ne peut divulguer aux masses qu'une misérable caricature de la culture scientifique moderne, caricature qui, loin de former leur jugement, les habitue à la crédulité. L'art lui-même subit le contrecoup du désarroi général, qui le prive en partie de son public, et par là même porte atteinte à l'inspiration. Enfin la vie familiale n'est plus qu'anxiété depuis que la société s'est fermée aux jeunes. La génération même pour qui l'attente fiévreuse de l'avenir est la vie tout entière végète, dans le monde entier, avec la conscience qu'elle n'a aucun avenir, qu'il n'y a point de place pour elle dans notre univers. Au reste ce mal, s'il est plus aigu pour les jeunes, est commun à toute l'humanité d'aujourd'hui. Nous vivons une époque privée d'avenir. L'attente de ce qui viendra n'est plus espérance, mais angoisse.

Il est cependant, depuis 1789, un mot magique qui contient en lui tous les avenirs imaginables, et n'est jamais si riche d'espoir que dans les situations désespérées ; c'est le mot de révolution. Aussi le prononce-t-on souvent depuis quelque temps. Nous devrions être, semble-t-il, en pleine période révolutionnaire ; mais en fait tout se passe comme si le mouvement révolutionnaire tombait en décadence avec le régime même qu'il aspire à détruire. Depuis plus d'un siècle, chaque génération de révolutionnaires a espéré tour à tour en une révolution prochaine ; aujourd'hui, cette espérance a perdu tout ce qui pouvait lui servir de support. Ni dans le régime issu de la révolution d'Octobre, ni dans les deux Internationales, ni dans les partis socialistes ou communistes indépendants, ni dans les syndicats, ni dans les organisations anarchistes, ni dans les petits groupements de jeunes qui ont surgi en si grand nombre depuis quelque temps, on ne peut trouver quoi que ce soit de vigoureux, de sain ou de pur ; voici longtemps que la classe ouvrière n'a donné aucun signe de cette spontanéité sur laquelle comptait Rosa Luxemburg, et qui d'ailleurs ne s'est jamais manifestée que pour être aussitôt noyée dans le sang ; les classes moyennes ne sont séduites par la révolution que quand elle est évoquée, à des fins démagogiques, par des apprentis dictateurs. On répète souvent que la situation est objectivement révolutionnaire, et que le « facteur subjectif » fait seul défaut ; comme si la carence totale de la force même qui pourrait seule transformer le régime n'était pas un caractère objectif de la situation actuelle, et dont il faut chercher les racines dans la structure de notre société ! C'est pourquoi le premier devoir que nous impose la période présente est d'avoir assez de courage intellectuel pour nous demander si le terme de révolution est autre chose qu'un mot, s'il a un contenu précis, s'il n'est pas simplement un des nombreux mensonges qu'a suscités le régime capitaliste dans son essor et que la crise actuelle nous rend le service de dissiper. Cette question semble impie, à cause de tous les êtres nobles et purs qui ont tout sacrifié, y compris leur vie, à ce mot. Mais seuls des prêtres peuvent prétendre mesurer la valeur d'une idée à la quantité de sang qu'elle a fait répandre. Qui sait si les révolutionnaires n'ont pas versé leur sang aussi vainement que ces Grecs et ces Troyens du poète qui, dupés par une fausse apparence, se battirent dix ans autour de l'ombre d'Hélène ?

Critique du marxisme

Jusqu'à ces temps-ci, tous ceux qui ont éprouvé le besoin d'étayer leurs sentiments révolutionnaires par des conceptions précises ont trouvé ou cru trouver ces conceptions dans Marx. Il est entendu une fois pour toutes que Marx, grâce à sa théorie générale de l'histoire et à son analyse de la société bourgeoise, a démontré la nécessité inéluctable d'un bouleversement proche où l'oppression que nous fait subir le régime capitaliste serait abolie ; et même, à force d'en être persuadé, on se dispense en général d'examiner de plus près la démonstration. Le « socialisme scientifique » est passé à l'état de dogme, exactement comme ont fait tous les résultats obtenus par la science moderne, résultats auxquels chacun pense qu'il a le devoir de croire, sans jamais songer à s'enquérir de la méthode. En ce qui concerne Marx, si l'on cherche à assimiler véritablement sa démonstration, on s'aperçoit aussitôt qu'elle comporte beaucoup plus de difficultés que les propagandistes du « socialisme scientifique » ne le laissent supposer.

À vrai dire, Marx rend admirablement compte du mécanisme de l'oppression capitaliste ; mais il en rend si bien compte qu'on a peine à se représenter comment ce mécanisme pourrait cesser de fonctionner. D'ordinaire, on ne retient de cette oppression que l'aspect économique, à savoir l'extorsion de la plus-value ; et si l'on s'en tient à ce point de vue, il est certes facile d'expliquer aux masses que cette extorsion est liée à la concurrence, elle-même liée à la propriété privée, et que le jour où la propriété deviendra collective tout ira bien. Cependant, même dans les limites de ce raisonnement simple en apparence, mille difficultés surgissent pour un examen attentif. Car Marx a bien montré que la véritable raison de l'exploitation des travailleurs, ce n'est pas le désir qu'auraient les capitalistes de jouir et de consommer, mais la nécessité d'agrandir l'entreprise le plus rapidement possible afin de la rendre plus puissante que ses concurrentes. Or ce n'est pas seulement l'entreprise, mais toute espèce de collectivité travailleuse, quelle qu'elle soit, qui a besoin de restreindre au maximum la consommation de ses membres pour consacrer le plus possible de temps à se forger des armes contre les collectivités rivales ; de sorte qu'aussi longtemps qu'il y aura, sur la surface du globe, une lutte pour la puissance, et aussi longtemps que le facteur décisif de la victoire sera la production industrielle, les ouvriers seront exploités. À vrai dire, Marx supposait précisément, sans le prouver d'ailleurs, que toute espèce de lutte pour la puissance disparaîtra le jour où le socialisme sera établi dans tous les pays industriels ; le seul malheur est que, comme Marx l'avait reconnu lui-même, la révolution ne peut se faire partout à la fois ; et lorsqu'elle se fait dans un pays, elle ne supprime pas pour ce pays, mais accentue au contraire, la nécessité d'exploiter et d'opprimer les masses travailleuses, de peur d'être plus faible que les autres nations. C'est ce dont l'histoire de la révolution russe constitue une illustration douloureuse.

Si l'on considère d'autres aspects de l'oppression capitaliste, il apparaît d'autres difficultés plus redoutables encore, ou, pour mieux dire, la même difficulté, éclairée d'un jour plus cru. La force que possède la bourgeoisie pour exploiter et opprimer les ouvriers réside dans les fondements mêmes de notre vie sociale, et ne peut être anéantie par aucune transformation politique et juridique. Cette force, c'est d'abord et essentiellement le régime même de la production moderne, à savoir la grande industrie. À ce sujet, les formules vigoureuses abondent, dans Marx, concernant l'asservissement du travail vivant au travail mort, « le renversement du rapport entre l'objet et le sujet », « la subordination du travailleur aux conditions matérielles du travail ». « Dans la fabrique, écrit-il dans le *Capital*, il existe un mécanisme indépendant des travailleurs, et qui se les incorpore comme des rouages vivants... La séparation entre les forces spirituelles qui interviennent dans la production et le travail manuel, et la transformation des premières en puissance du capital sur le travail, trouvent leur achèvement dans la grande industrie fondée sur le machinisme. Le détail de la destinée individuelle du manœuvre sur machine disparaît comme un néant devant la science, les formidables forces naturelles et le travail collectif qui sont incorporés dans l'ensemble des machines et constituent avec elles la puissance du maître. » Ainsi la complète subordination de l'ouvrier à l'entreprise et à ceux qui la dirigent repose sur la structure de l'usine et non sur le régime de la propriété. De même « la séparation entre les forces spirituelles qui interviennent dans la production et le travail manuel », ou, selon une autre formule, « la dégradante division du travail en travail manuel et travail intellectuel » est la base même de notre culture, qui est une culture de spécialistes. La science est un monopole, non pas à cause d'une mauvaise organisation de l'instruction publique, mais par sa nature même ; les profanes n'ont accès qu'aux résultats, non aux méthodes, c'est-à-dire qu'ils ne peuvent que croire et non assimiler. Le « socialisme scientifique » lui-même est demeuré le monopole de quelques-uns, et les « intellectuels » ont malheureusement les mêmes privilèges dans le mouvement ouvrier que dans la société bourgeoise. Et il en est de même encore sur le plan politique. Marx avait clairement aperçu que l'oppression étatique repose sur l'existence d'appareils de gouvernement permanents et distincts de la population, à savoir les appareils bureaucratique, militaire et policier ; mais ces appareils permanents sont l'effet inévitable de la distinction radicale qui existe en fait entre les fonctions de direction et les fonctions d'exécution.

Sur ce point encore, le mouvement ouvrier reproduit intégralement les vices de la société bourgeoise. Sur tous les plans, on se heurte au même obstacle. Toute notre civilisation est fondée sur la spécialisation, laquelle implique l'asservissement de ceux qui exécutent à ceux qui coordonnent ; et sur une telle base, on ne peut qu'organiser et perfectionner l'oppression, mais non pas l'alléger. Loin que la société capitaliste ait élaboré dans son sein les conditions matérielles d'un régime de liberté et d'égalité, l'instauration d'un tel régime suppose une transformation préalable de la production et de la culture.

Que Marx et ses disciples aient pu croire cependant à la possibilité d'une démocratie effective sur les bases de la civilisation actuelle, c'est ce qu'on peut comprendre seulement si l'on fait entrer en ligne de compte leur théorie du développement des forces productives. On sait qu'aux yeux de Marx, ce développement constitue, en dernière analyse, le véritable moteur de l'histoire, et qu'il est à peu près illimité. Chaque régime social, chaque classe dominante a pour « tâche », pour « mission historique », de porter les forces productives à un degré sans cesse plus élevé, jusqu'au jour où tout progrès ultérieur est arrêté par les cadres sociaux ; à ce moment les forces productives se révoltent, brisent ces cadres, et une classe nouvelle s'empare du pouvoir. Constater que le régime capitaliste écrase des millions d'hommes, cela ne permet que de le condamner moralement ; ce qui constitue la condamnation historique du régime, c'est le fait qu'après avoir rendu possible le progrès de la production il y fait à présent obstacle. La tâche des révolutions consiste essentiellement dans l'émancipation non pas des hommes mais des forces productives. À vrai dire il est clair que, dès que celles-ci ont atteint un développement suffisant pour que la production puisse s'accomplir au prix d'un faible effort, les deux tâches coïncident ; et Marx supposait que tel est le cas à notre époque. C'est cette supposition qui lui a permis d'établir un accord indispensable à sa tranquillité morale entre ses aspirations idéalistes et sa conception matérialiste de l'histoire. À ses yeux, la technique actuelle, une fois libérée des formes capitalistes de l'économie, peut donner aux hommes, dès maintenant, assez de loisir pour leur permettre un développement harmonieux de leurs facultés, et par suite faire disparaître dans une certaine mesure la spécialisation dégradante établie par le capitalisme ; et surtout le développement ultérieur de la technique doit alléger davantage de jour en jour le poids de la nécessité matérielle, et par une conséquence immédiate celui de la contrainte sociale, jusqu'à ce que l'humanité atteigne enfin un état à proprement parler paradisiaque, où la production la plus abondante coûterait un effort insignifiant, où l'antique malédiction du travail serait levée, bref où serait retrouvé le bonheur d'Adam et d'Ève avant leur faute. On comprend fort bien, à partir de cette conception, la position des bolcheviks, et pourquoi tous, y compris Trotsky, traitent les idées démocratiques avec un mépris souverain. Ils se sont trouvés impuissants à réaliser la démocratie ouvrière prévue par Marx ; mais ils ne se troublent pas pour si peu de chose, convaincus comme ils sont d'une part que toute tentative d'action sociale qui ne consiste pas à développer les forces productives est vouée d'avance à l'échec, d'autre part que tout progrès des forces productives fait avancer l'humanité sur la voie de la libération, même si c'est au prix d'une oppression provisoire. Avec une pareille sécurité morale, il n'est pas surprenant qu'ils aient étonné le monde par leur force.

Il est rare cependant que les croyances réconfortantes soient en même temps raisonnables. Avant même d'examiner la conception marxiste des forces productives, on est frappé par le caractère mythologique qu'elle présente dans toute la littérature socialiste, où elle est admise comme un postulat. Marx n'explique jamais pourquoi les forces productives tendraient à s'accroître ; en admettant sans preuve cette tendance mystérieuse, il s'apparente non pas à Darwin, comme il aimait à le croire, mais à Lamarck, qui fondait pareillement tout son système biologique sur une tendance inexplicable des êtres vivants à l'adaptation. De même pourquoi est-ce que, lorsque les institutions sociales s'opposent au développement des forces productives, la victoire devrait appartenir d'avance à celles-ci plutôt qu'à celles-là ? Marx ne suppose évidemment pas que les hommes transforment consciemment leur état social pour améliorer leur situation économique ; il sait fort bien que jusqu'à nos jours les transformations sociales n'ont jamais été accompagnées d'une conscience claire de leur portée réelle ; il admet donc implicitement que les forces productives possèdent une vertu secrète qui leur permet de surmonter les obstacles. Enfin pourquoi pose-t-il sans démonstration, et comme une vérité évidente, que les forces productives sont susceptibles d'un développement illimité ? Toute cette doctrine, sur laquelle repose entièrement la conception marxiste de la révolution, est absolument dépourvue de tout caractère scientifique. Pour la comprendre, il faut se souvenir des origines hégéliennes de la pensée marxiste. Hegel croyait en un esprit caché à l'œuvre dans l'univers, et que l'histoire du monde est simplement l'histoire de cet esprit du monde, lequel, comme tout ce qui est spirituel, tend indéfiniment à la perfection. Marx a prétendu « remettre sur ses pieds » la dialectique hégélienne, qu'il accusait d'être « sens dessus dessous » ; il a substitué la matière à l'esprit comme moteur de l'histoire ; mais par un paradoxe extraordinaire, il a conçu l'histoire, à partir de cette rectification, comme s'il attribuait à la matière ce qui est l'essence même de l'esprit, une perpétuelle aspiration au mieux. Par là il s'accordait d'ailleurs profondément avec le courant général de la pensée capitaliste ; transférer le principe du progrès de l'esprit aux choses, c'est donner une expression philosophique à ce « renversement du rapport entre le sujet et l'objet » dans lequel Marx voyait l'essence même du capitalisme. L'essor de la grande industrie a fait des forces productives la divinité d'une sorte de religion dont Marx a subi malgré lui l'influence en élaborant sa conception de l'histoire. Le terme de religion peut surprendre quand il s'agit de Marx ; mais croire que notre volonté converge avec une volonté mystérieuse qui serait à l'œuvre dans le monde et nous aiderait à vaincre, c'est penser religieusement, c'est croire à la Providence. D'ailleurs le vocabulaire même de Marx en témoigne, puisqu'il contient des expressions quasi mystiques, telles que « la mission historique du prolétariat ». Cette religion des forces productives au nom de laquelle des générations de chefs d'entreprise ont écrasé les masses travailleuses sans le moindre remords constitue également un facteur d'oppression à l'intérieur du mouvement socialiste ; toutes les religions font de l'homme un simple instrument de la Providence, et le socialisme lui aussi met les hommes au service du progrès historique, c'est-à-dire du progrès de la production. C'est pourquoi, quel que soit l'outrage infligé à la mémoire de Marx par le culte que lui vouent les oppresseurs de la Russie moderne, il n'est pas entièrement immérité. Marx, il est vrai, n'a jamais eu d'autre mobile qu'une aspiration généreuse à la liberté et à l'égalité ; seulement cette aspiration, séparée de la religion matérialiste avec laquelle elle se confondait dans son esprit, n'appartient plus qu'à ce que Marx nommait dédaigneusement le socialisme utopique. Si l'œuvre de Marx ne contenait rien de plus précieux, elle pourrait être oubliée sans inconvénient, à l'exception du moins des analyses économiques.

Mais ce n'est pas le cas ; on trouve chez Marx une autre conception que cet hégélianisme à rebours, à savoir un matérialisme qui n'a plus rien de religieux et constitue non pas une doctrine, mais une méthode de connaissance et d'action. Il n'est pas rare de voir ainsi chez d'assez grands esprits deux conceptions distinctes et même incompatibles se confondre à la faveur de l'imprécision inévitable du langage ; absorbés par l'élaboration d'idées nouvelles, le temps leur manque pour faire l'examen critique de ce qu'ils ont trouvé. La grande idée de Marx, c'est que dans la société aussi bien que dans la nature rien ne s'effectue autrement que par des transformations matérielles. « Les hommes font leur propre histoire, mais dans des conditions déterminées. » Désirer n'est rien, il faut connaître les conditions matérielles qui déterminent nos possibilités d'action ; et dans le domaine social, ces conditions sont définies par la manière dont l'homme obéit aux nécessités matérielles en subvenant à ses propres besoins, autrement dit par le mode de production. Une amélioration méthodique de l'organisation sociale suppose au préalable une étude approfondie du mode de production, pour chercher à savoir d'une part ce qu'on peut en attendre, dans l'avenir immédiat et lointain, du point de vue du rendement, d'autre part quelles formes d'organisation sociale et de culture sont compatibles avec lui, et enfin comment il peut être lui-même transformé. Seuls des êtres irresponsables peuvent négliger une telle étude et prétendre néanmoins à régenter la société ; et par malheur tel est le cas partout, aussi bien dans les milieux révolutionnaires que dans les milieux dirigeants. La méthode matérialiste, cet instrument que nous a légué Marx, est un instrument vierge ; aucun marxiste ne s'en est véritablement servi, à commencer par Marx lui-même. La seule idée vraiment précieuse qui se trouve dans l'œuvre de Marx est la seule aussi qui ait été complètement négligée. Il n'est pas étonnant que les mouvements sociaux issus de Marx aient fait faillite.

La première question à poser est celle du rendement du travail. A-t-on des raisons de supposer que la technique moderne, à son niveau actuel, soit capable, dans l'hypothèse d'une répartition équitable, d'assurer à tous assez de bien-être et de loisir pour que le développement de l'individu cesse d'être entravé par les conditions modernes du travail ? Il semble qu'il y ait à ce sujet beaucoup d'illusions, savamment entretenues par la démagogie. Ce ne sont pas les profits qu'il faut calculer ; ceux des profits qui sont réinvestis dans la production seraient dans l'ensemble ôtés aux travailleurs sous tous les régimes. Il faudrait pouvoir faire la somme de tous les travaux dont on pourrait se dispenser au prix d'une transformation du régime de la propriété. Encore la question ne serait-elle pas résolue par là ; il faut tenir compte des travaux qu'impliquerait la réorganisation complète de l'appareil de production, réorganisation nécessaire pour que la production soit adaptée à sa fin nouvelle, à savoir le bien-être des masses ; il ne faut pas oublier que la fabrication des armements ne serait pas abandonnée avant que le régime capitaliste ne soit détruit partout ; surtout il faut prévoir que la destruction du profit individuel, tout en faisant disparaître certaines formes de gaspillage, en susciterait nécessairement d'autres. Des calculs précis sont évidemment impossibles à établir ; mais ils ne sont pas indispensables pour apercevoir que la suppression de la propriété privée serait loin de suffire à empêcher que le labeur des mines et des usines continue à peser comme un esclavage sur ceux qui y sont assujettis.

Mais, si l'état actuel de la technique ne suffit pas à libérer les travailleurs, peut-on du moins raisonnablement espérer qu'elle soit destinée à un développement illimité, qui impliquerait un accroissement illimité du rendement du travail ? C'est ce que tout le monde admet, chez les capitalistes comme chez les socialistes, et sans la moindre étude préalable de la question ; il suffit que le rendement de l'effort humain ait augmenté d'une manière inouïe depuis trois siècles pour qu'on s'attende à ce que cet accroissement se poursuive au même rythme. Notre culture soi-disant scientifique nous a donné cette funeste habitude de généraliser, d'extrapoler arbitrairement, au lieu d'étudier les conditions d'un phénomène et les limites qu'elles impliquent ; et Marx, que sa méthode dialectique devait préserver d'une telle erreur, y est tombé sur ce point comme les autres.

Le problème est capital, et de nature à déterminer toutes nos perspectives ; il faut le formuler avec la dernière précision. À cet effet, il importe de savoir tout d'abord en quoi consiste le progrès technique, quels facteurs y interviennent, et examiner séparément chaque facteur ; car on confond sous le nom de progrès technique des procédés entièrement différents, et qui offrent des possibilités de développement différentes. Le premier procédé qui s'offre à l'homme pour produire plus avec un effort moindre, c'est l'utilisation des sources naturelles d'énergie ; et il est vrai en un sens qu'on ne peut assigner aux bienfaits de ce procédé une limite précise, parce qu'on ignore quelles nouvelles énergies l'on pourra un jour utiliser ; mais ce n'est pas à dire qu'il puisse y avoir dans cette voie des perspectives de progrès indéfini, ni que le progrès y soit en général assuré. Car la nature ne nous donne pas cette énergie, sous quelque forme que celle-ci se présente, force animale, houille ou pétrole ; il faut la lui arracher et la transformer par notre travail pour l'adapter à nos fins propres. Or ce travail ne devient pas nécessairement moindre à mesure que le temps passe ; actuellement, c'est même le contraire qui se produit pour nous, puisque l'extraction de la houille et du pétrole devient sans cesse et automatiquement moins fructueuse et plus coûteuse. Bien plus, les gisements actuellement connus sont destinés à s'épuiser au bout d'un temps relativement court. On peut trouver de nouveaux gisements ; mais la recherche, l'installation d'exploitations nouvelles dont certaines sans doute échoueront, tout cela sera coûteux ; au reste nous ne savons pas combien il existe en général de gisements inconnus, et de toute manière la quantité n'en sera pas illimitée. On peut aussi, et on devra sans doute un jour, trouver des sources d'énergie nouvelles ; seulement rien ne garantit que l'utilisation en exigera moins de travail que l'utilisation de la houille ou des huiles lourdes ; le contraire est également possible. Il peut même arriver à la rigueur que l'utilisation d'une source d'énergie naturelle coûte un travail supérieur aux efforts humains que l'on cherche à remplacer. Sur ce terrain c'est le hasard qui décide ; car la découverte d'une source d'énergie nouvelle et facilement accessible ou d'un procédé économique de transformation pour une source d'énergie connue n'est pas de ces choses auxquelles on soit sûr d'arriver à condition de réfléchir avec méthode et d'y mettre le temps. On se fait illusion à ce sujet parce qu'on a l'habitude de considérer le développement de la science du dehors et en bloc ; on ne se rend pas compte que si certains résultats scientifiques dépendent uniquement du bon usage que fait le savant de sa raison, d'autres ont pour condition d'heureuses rencontres. C'est le cas en ce qui concerne l'utilisation des forces de la nature. Certes toute source d'énergie est transformable à coup sûr ; mais le savant n'est pas plus sûr de rencontrer au cours de ses recherches quelque chose d'économiquement avantageux que l'explorateur de parvenir à un territoire fertile. C'est de quoi on peut trouver un exemple instructif dans les fameuses expériences concernant l'énergie thermique des mers, autour desquelles on a fait tant de bruit, et si vainement. Or dès lors que le hasard entre en jeu, la notion de progrès continu n'est plus applicable. Ainsi espérer que le développement de la science amènera quelque jour, d'une manière en quelque sorte automatique, la découverte d'une source d'énergie qui serait utilisable d'une manière presque immédiate pour tous les besoins humains, c'est rêver. On ne peut démontrer que ce soit impossible ; et à vrai dire il est possible aussi qu'un beau jour quelque transformation soudaine de l'ordre astronomique octroie à de vastes étendues du globe terrestre le climat enchanteur qui permet, dit-on, à certaines peuplades primitives de vivre sans travail ; mais les possibilités de cet ordre ne doivent jamais entrer en ligne de compte. Dans l'ensemble, il ne serait pas raisonnable de prétendre déterminer dès maintenant ce que l'avenir réserve au genre humain en ce domaine.

Il n'existe par ailleurs qu'une autre ressource permettant de diminuer la somme de l'effort humain, à savoir ce que l'on peut nommer, en se servant d'une expression moderne, la rationalisation du travail. On y peut distinguer deux aspects, l'un qui concerne le rapport entre les efforts simultanés, l'autre le rapport entre les efforts successifs ; dans les deux cas le progrès consiste à augmenter le rendement des efforts par la manière dont on les combine. Il est clair que dans ce domaine on peut à la rigueur faire abstraction des hasards, et que la notion de progrès y a un sens ; la question est de savoir si ce progrès est illimité, et, dans le cas contraire, si nous sommes encore loin de la limite. En ce qui concerne ce qu'on peut nommer la rationalisation du travail dans l'espace, les facteurs d'économie sont la concentration, la division et la coordination des travaux. La concentration du travail implique la diminution de toutes sortes de dépenses qu'on peut englober sous le nom de frais généraux, parmi lesquelles les dépenses concernant le local, les transports, parfois l'outillage. La division du travail, elle, a des effets beaucoup plus étonnants. Tantôt elle permet d'obtenir une rapidité considérable dans l'exécution d'ouvrages que des travailleurs isolés pourraient accomplir aussi bien, mais beaucoup plus lentement, et cela parce que chacun devrait faire pour son compte l'effort de coordination que l'organisation du travail permet à un seul homme d'assumer pour le compte de beaucoup d'autres ; la célèbre analyse d'Adam Smith concernant la fabrication des épingles en fournit un exemple. Tantôt, et c'est ce qui importe le plus, la division et la coordination des efforts rend possibles des œuvres colossales qui dépasseraient infiniment les possibilités d'un homme seul. Il faut tenir compte aussi des économies que permet en ce qui concerne les transports d'énergie et de matière première la spécialisation par régions, et sans doute encore de bien d'autres économies qu'il serait trop long de rechercher. Quoi qu'il en soit, dès qu'on jette un regard sur le régime actuel de la production, il semble assez clair non seulement que ces facteurs d'économie comportent une limite au-delà de laquelle ils deviennent facteurs de dépense, mais encore que cette limite est atteinte et dépassée. Depuis des années déjà l'agrandissement des entreprises s'accompagne non d'une diminution, mais d'un accroissement des frais généraux ; le fonctionnement de l'entreprise, devenu trop complexe pour permettre un contrôle efficace, laisse une marge de plus en plus grande au gaspillage et suscite une extension accélérée et sans doute dans une certaine mesure parasitaire du personnel affecté à la coordination des diverses parties de l'entreprise. L'extension des échanges, qui a autrefois joué un rôle formidable comme facteur de progrès économique, se met elle aussi à causer plus de frais qu'elle n'en évite, parce que les marchandises restent longtemps improductives, parce que le personnel affecté aux échanges s'accroît lui aussi à un rythme accéléré, et parce que les transports consomment une énergie sans cesse accrue en raison des innovations destinées à augmenter la vitesse, innovations nécessairement de plus en plus coûteuses et de moins en moins efficaces à mesure qu'elles se succèdent. Ainsi à tous ces égards le progrès se transforme aujourd'hui, d'une manière à proprement parler mathématique, en régression.

Le progrès dû à la coordination des efforts dans le temps est sans doute le facteur le plus important du progrès technique ; il est aussi le plus difficile à analyser. Depuis Marx, on a coutume de le désigner en parlant de la substitution du travail mort au travail vivant, formule d'une redoutable imprécision, en ce sens qu'elle évoque l'image d'une évolution continue vers une étape de la technique où, si l'on peut parler ainsi, tous les travaux à faire seraient déjà faits. Cette image est aussi chimérique que celle d'une source naturelle d'énergie qui serait aussi immédiatement accessible à l'homme que sa propre force vitale. La substitution dont il s'agit met simplement à la place des mouvements qui permettraient d'obtenir directement certains résultats d'autres mouvements qui produisent ce résultat indirectement grâce à la disposition assignée à des choses inertes ; c'est toujours confier à la matière ce qui semblait être le rôle de l'effort humain, mais au lieu d'utiliser l'énergie que fournissent certains phénomènes naturels, on utilise la résistance, la solidité, la dureté que possèdent certains matériaux. Dans un cas comme dans l'autre, les propriétés de la matière aveugle et indifférente ne peuvent être adaptées aux fins humaines que par le travail humain ; et dans un cas comme dans l'autre la raison interdit d'admettre à l'avance que ce travail d'adaptation doive nécessairement être inférieur à l'effort que devraient fournir les hommes pour atteindre directement la fin qu'ils ont en vue. Mais alors que l'utilisation des sources naturelles d'énergie dépend pour une part considérable de rencontres imprévisibles, l'utilisation de matériaux inertes et résistants s'est effectuée dans l'ensemble selon une progression continue que l'on peut embrasser et prolonger par la pensée lorsqu'on en a une fois aperçu le principe. La première étape, vieille comme l'humanité, consiste à confier à des objets placés en des lieux convenables tous les efforts de résistance ayant pour but d'empêcher certains mouvements de la part de certaines choses. La deuxième étape définit le machinisme proprement dit ; le machinisme est devenu possible le jour où l'on s'est aperçu que l'on pouvait non seulement utiliser la matière inerte pour assurer l'immobilité là où il le fallait, mais encore la charger de conserver les rapports permanents des mouvements entre eux, rapports qui jusque-là devaient être à chaque fois établis par la pensée. À cette fin il faut et il suffit que l'on ait pu inscrire ces rapports, en les transposant, dans les formes imprimées à la matière solide. C'est ainsi qu'un des premiers progrès qui aient ouvert la voie au machinisme a consisté à dispenser le tisserand d'adapter le choix des fils à tirer sur son métier au dessin de l'étoffe, et cela grâce à un carton percé de trous qui correspondent au dessin. Si l'on n'a pu obtenir les transpositions de cet ordre dans les diverses espèces de travail que peu à peu et grâce à des inventions apparemment dues à l'inspiration ou au hasard, c'est parce que le travail manuel combine les éléments permanents qu'il contient de manière à les dissimuler le plus souvent sous une apparence de variété ; c'est pourquoi le travail parcellaire des manufactures a dû précéder la grande industrie. Enfin la troisième et dernière étape correspond à la technique automatique, qui ne fait que commencer à apparaître ; le principe en réside dans la possibilité de confier à la machine non seulement une opération toujours identique à elle-même, mais encore un ensemble d'opérations variées. Cet ensemble peut être aussi vaste, aussi complexe qu'on voudra ; il est seulement nécessaire qu'il s'agisse d'une variété définie et limitée à l'avance. La technique automatique, qui se trouve encore à un état en quelque sorte primitif, peut donc théoriquement se développer indéfiniment ; et l'utilisation d'une telle technique pour satisfaire les besoins humains ne comporte d'autres limites que celles qu'impose la part de l'imprévu dans les conditions de l'existence humaine. Si l'on pouvait concevoir des conditions de vie ne comportant absolument aucun imprévu, le mythe américain du robot aurait un sens, et la suppression complète du travail humain par un aménagement systématique du monde serait possible. Il n'en est rien, et ce ne sont là que fictions ; encore ces fictions seraient-elles utiles à élaborer, à titre de limite idéale, si les hommes avaient du moins le pouvoir de diminuer progressivement par une méthode quelconque cette part d'imprévu dans leur vie. Mais ce n'est pas le cas non plus, et jamais aucune technique ne dispensera les hommes de renouveler et d'adapter continuellement, à la sueur de leur front, l'outillage dont ils se servent.

Dans ces conditions, il est facile de concevoir qu'un certain degré d'automatisme puisse être plus coûteux en efforts humains qu'un degré moins élevé. Du moins est-ce facile à concevoir abstraitement ; il est presque impossible d'arriver en cette matière à une appréciation concrète à cause du grand nombre de facteurs qu'il faudrait faire entrer en ligne de compte. L'extraction des métaux dont les machines sont faites ne peut s'opérer qu'avec du travail humain ; et, comme il s'agit de mines, le travail devient de plus en plus pénible à mesure qu'il s'effectue, sans compter que les gisements connus risquent de s'épuiser d'une manière relativement rapide ; les hommes se reproduisent, non le fer. Il ne faut pas oublier non plus, bien que les bilans financiers, les statistiques, les ouvrages des économistes dédaignent de le noter, que le travail des mines est plus douloureux, plus épuisant, plus dangereux que la plupart des autres travaux ; le fer, le charbon, la potasse, tous ces produits sont souillés de sang. Au reste les machines automatiques ne sont avantageuses qu'autant que l'on s'en sert pour produire en série et en quantités massives ; leur fonctionnement est donc lié au désordre et au gaspillage qu'entraîne une centralisation économique exagérée ; d'autre part elles créent la tentation de produire beaucoup plus qu'il n'est nécessaire pour satisfaire les besoins réels, ce qui amène à dépenser sans profit des trésors de force humaine et de matières premières. Il ne faut pas négliger non plus les dépenses qu'entraîne tout progrès technique, à cause des recherches préalables, de la nécessité d'adapter à ce progrès d'autres branches de la production, de l'abandon du vieux matériel qui souvent est rejeté alors qu'il aurait pu servir encore longtemps. Rien de tout cela n'est susceptible d'être même approximativement mesuré. Il est seulement clair, dans l'ensemble, que plus le niveau de la technique est élevé, plus les avantages que peuvent apporter des progrès nouveaux diminuent par rapport aux inconvénients. Nous n'avons cependant aucun moyen de nous rendre clairement compte si nous sommes près ou loin de la limite à partir de laquelle le progrès technique doit se transformer en facteur de régression économique. Nous pouvons seulement essayer de le deviner empiriquement, d'après la manière dont évolue l'économie actuelle.

Or ce que nous voyons, c'est que depuis quelques années, dans presque toutes les industries, les entreprises refusent systématiquement d'accueillir les innovations techniques. La presse socialiste et communiste tire de ce fait des déclamations éloquentes contre le capitalisme, mais elle omet d'expliquer par quel miracle des innovations actuellement dispendieuses deviendraient économiquement avantageuses en régime socialiste ou soi-disant tel. Il est plus raisonnable de supposer que dans ce domaine nous ne sommes pas loin de la limite du progrès utile ; et même, étant donné que la complication des rapports économiques actuels et l'extension formidable du crédit empêchent les chefs d'entreprise de s'apercevoir immédiatement qu'un facteur autrefois avantageux a cessé de l'être, on peut conclure, avec toutes les réserves qui conviennent concernant un problème aussi confus, que vraisemblablement cette limite est déjà dépassée.

Une étude sérieuse de la question devrait à vrai dire prendre en considération bien d'autres éléments. Les divers facteurs qui contribuent à accroître le rendement du travail ne se développent pas séparément, bien qu'il faille les séparer dans l'analyse ; ils se combinent, et ces combinaisons produisent des effets difficiles à prévoir. Au reste le progrès technique ne sert pas seulement à obtenir à peu de frais ce qu'on obtenait auparavant avec beaucoup d'efforts ; il rend aussi possibles des ouvrages qui auraient été sans lui presque inimaginables. Il y aurait lieu d'examiner la valeur de ces possibilités nouvelles, en tenant compte du fait qu'elles ne sont pas seulement possibilités de construction, mais aussi de destruction. Mais une telle étude devrait obligatoirement tenir compte des rapports économiques et sociaux qui sont nécessairement liés à une forme déterminée de la technique. Pour l'instant, il suffit d'avoir compris que la possibilité de progrès ultérieurs en ce qui concerne le rendement du travail n'est pas hors de doute ; que, selon toute apparence, on a présentement autant de raisons de s'attendre à le voir diminuer qu'augmenter ; et, ce qui est le plus important, qu'un accroissement continu et illimité de ce rendement est à proprement parler inconcevable. C'est uniquement l'ivresse produite par la rapidité du progrès technique qui a fait naître la folle idée que le travail pourrait un jour devenir superflu. Sur le plan de la science pure, cette idée s'est traduite par la recherche de la « machine à mouvement perpétuel », c'est-à-dire de la machine qui produirait indéfiniment du travail sans jamais en consommer ; et les savants en ont fait prompte justice en pesant la loi de la conservation de l'énergie. Dans le domaine social, les divagations sont mieux accueillies. « L'étape supérieure du communisme » considérée par Marx comme le dernier terme de l'évolution sociale est, en somme, une utopie absolument analogue à celle du mouvement perpétuel. Et c'est au nom de cette utopie que les révolutionnaires ont versé leur sang. Pour mieux dire ils ont versé leur sang au nom ou de cette utopie ou de la croyance également utopique que le système de production actuel pourrait être mis par un simple décret au service d'une société d'hommes libres et égaux. Quoi d'étonnant si tout ce sang a coulé en vain ? L'histoire du mouvement ouvrier s'éclaire ainsi d'une lumière cruelle, mais particulièrement vive. On peut la résumer tout entière en remarquant que la classe ouvrière n'a jamais fait preuve de force qu'autant qu'elle a servi autre chose que la révolution ouvrière. Le mouvement ouvrier a pu donner l'illusion de la puissance aussi longtemps qu'il s'est agi pour lui de contribuer à liquider les vestiges de la féodalité, à aménager la domination capitaliste soit sous la forme du capitalisme privé, soit sous la forme du capitalisme d'État, comme ce fut le cas en Russie ; à présent que sur ce terrain son rôle est terminé, et que la crise pose devant lui le problème de la prise effective du pouvoir par les masses travailleuses, il s'effrite et se dissout avec une rapidité qui brise le courage de ceux qui avaient mis leur foi en lui. Sur ses ruines se déroulent des controverses interminables qui ne peuvent s'apaiser que par les formules les plus ambiguës ; car parmi tous les hommes qui s'obstinent encore à parler de révolution, il n'y en a peut-être pas deux qui attribuent à ce terme le même contenu. Et cela n'a rien d'étonnant. Le mot de révolution est un mot pour lequel on tue, pour lequel on meurt, pour lequel on envoie les masses populaires à la mort, mais qui n'a aucun contenu.

Peut-être cependant peut-on donner un sens à l'idéal révolutionnaire, sinon en tant que perspective possible, du moins en tant que limite théorique des transformations sociales réalisables. Ce que nous demanderions à la révolution, c'est l'abolition de l'oppression sociale ; mais pour que cette notion ait au moins des chances d'avoir une signification quelconque, il faut avoir soin de distinguer entre oppression et subordination des caprices individuels à un ordre social. Tant qu'il y aura une société, elle enfermera la vie des individus dans des limites fort étroites et leur imposera ses règles ; mais cette contrainte inévitable ne mérite d'être nommée oppression que dans la mesure où, du fait qu'elle provoque une séparation entre ceux qui l'exercent et ceux qui la subissent, elle met les seconds à la discrétion des premiers et fait ainsi peser jusqu'à l'écrasement physique et moral la pression de ceux qui commandent sur ceux qui exécutent. Même après cette distinction, rien ne permet au premier abord de supposer que la suppression de l'oppression soit ou possible ou même seulement concevable à titre de limite. Marx a fait voir avec force, dans des analyses dont lui-même a méconnu la portée, que le régime actuel de la production, à savoir la grande industrie, réduit l'ouvrier à n'être qu'un rouage de la fabrique et un simple instrument aux mains de ceux qui le dirigent ; et il est vain d'espérer que le progrès technique puisse, par une diminution progressive et continue de l'effort de la production, alléger, jusqu'à le faire presque disparaître, le double poids sur l'homme de la nature et de la société. Le problème est donc bien clair ; il s'agit de savoir si l'on peut concevoir une organisation de la production qui, bien qu'impuissante à éliminer les nécessités naturelles et la contrainte sociale qui en résulte, leur permettrait du moins de s'exercer sans écraser sous l'oppression les esprits et les corps. À une époque comme la nôtre, avoir saisi clairement ce problème est peut-être une condition pour pouvoir vivre en paix avec soi. Si l'on arrive à concevoir concrètement les conditions de cette organisation libératrice, il ne reste qu'à exercer, pour se diriger vers elle, toute la puissance d'action, petite ou grande, dont on dispose ; et si l'on comprend clairement que la possibilité d'un tel mode de production n'est pas même concevable, on y gagne du moins de pouvoir légitimement se résigner à l'oppression, et cesser de s'en croire complice du fait qu'on ne fait rien d'efficace pour l'empêcher.

Analyse de l'oppression

Il s'agit en somme de connaître ce qui lie l'oppression en général et chaque forme d'oppression en particulier au régime de la production ; autrement dit d'arriver à saisir le mécanisme de l'oppression, à comprendre en vertu de quoi elle surgit, subsiste, se transforme, en vertu de quoi peut-être elle pourrait théoriquement disparaître. C'est là, ou peu s'en faut, une question neuve. Pendant des siècles, des âmes généreuses ont considéré la puissance des oppresseurs comme constituant une usurpation pure et simple, à laquelle il fallait tenter de s'opposer soit par la simple expression d'une réprobation radicale, soit par la force armée mise au service de la justice. Des deux manières, l'échec a toujours été complet ; et jamais il n'était plus significatif que quand il prenait un moment l'apparence de la victoire, comme ce fut le cas pour la Révolution française, et qu'après avoir effectivement réussi à faire disparaître une certaine forme d'oppression, on assistait, impuissant, à l'installation immédiate d'une oppression nouvelle.

La réflexion sur cet échec retentissant, qui était venu couronner tous les autres, amena enfin Marx à comprendre qu'on ne peut supprimer l'oppression tant que subsistent les causes qui la rendent inévitable, et que ces causes résident dans les conditions objectives, c'est-à-dire matérielles, de l'organisation sociale. Il élabora ainsi une conception de l'oppression tout à fait neuve, non plus en tant qu'usurpation d'un privilège, mais en tant qu'organe d'une fonction sociale. Cette fonction, c'est celle même qui consiste à développer les forces productives, dans la mesure où ce développement exige de durs efforts et de lourdes privations ; et, entre ce développement et l'oppression sociale, Marx et Engels ont aperçu des rapports réciproques. Tout d'abord, selon eux, l'oppression s'établit seulement quand les progrès de la production ont suscité une division du travail assez poussée pour que l'échange, le commandement militaire et le gouvernement constituent des fonctions distinctes ; d'autre part l'oppression, une fois établie, provoque le développement ultérieur des forces productives, et change de forme à mesure que l'exige ce développement, jusqu'au jour où, devenue pour lui une entrave et non une aide, elle disparaît purement et simplement. Quelque brillantes que soient les analyses concrètes par lesquelles les marxistes ont illustré ce schéma, et bien qu'il constitue un progrès sur les naïves indignations qu'il a remplacées, on ne peut dire qu'il mette en lumière le mécanisme de l'oppression. Il n'en décrit que partiellement la naissance ; car pourquoi la division du travail se tournerait-elle nécessairement en oppression ? Il ne permet nullement d'en attendre raisonnablement la fin ; car, si Marx a cru montrer comment le régime capitaliste finit par entraver la production, il n'a même pas essayé de prouver que, de nos jours, tout autre régime oppressif l'entraverait pareillement ; et de plus on ignore pourquoi l'oppression ne pourrait pas réussir à se maintenir, même une fois devenue un facteur de régression économique. Surtout Marx omet d'expliquer pourquoi l'oppression est invincible aussi longtemps qu'elle est utile, pourquoi les opprimés en révolte n'ont jamais réussi à fonder une société non oppressive, soit sur la base des forces productives de leur époque, soit même au prix d'une régression économique qui pouvait difficilement accroître leur misère ; et enfin il laisse tout à fait dans l'ombre les principes généraux du mécanisme par lequel une forme déterminée d'oppression est remplacée par une autre.

Bien plus, non seulement les marxistes n'ont résolu aucun de ces problèmes, mais ils n'ont même pas cru devoir les formuler. Il leur a semblé avoir suffisamment rendu compte de l'oppression sociale en posant qu'elle correspond à une fonction dans la lutte contre la nature. Au reste ils n'ont vraiment mis cette correspondance en lumière que pour le régime capitaliste ; mais de toute manière, supposer qu'une telle correspondance constitue une explication du phénomène, c'est appliquer inconsciemment aux organismes sociaux le fameux principe de Lamarck, aussi inintelligible que commode, « la fonction crée l'organe ». La biologie n'a commencé d'être une science que le jour où Darwin a substitué à ce principe la notion des conditions d'existence. Le progrès consiste en ce que la fonction n'est plus considérée comme la cause, mais comme l'effet de l'organe, seul ordre intelligible ; le rôle de cause n'est dès lors attribué qu'à un mécanisme aveugle, celui de l'hérédité combiné avec les variations accidentelles. Par lui-même, à vrai dire, ce mécanisme aveugle ne peut que produire au hasard n'importe quoi ; l'adaptation de l'organe à la fonction entre ici en jeu de manière à limiter le hasard en éliminant les structures non viables, non plus à titre de tendance mystérieuse, mais à titre de condition d'existence ; et cette condition se définit par le rapport de l'organisme considéré au milieu pour une part inerte et pour une part vivant qui l'entoure, et tout particulièrement aux organismes semblables qui lui font concurrence. L'adaptation est dès lors conçue par rapport aux êtres vivants comme une nécessité extérieure et non plus intérieure. Il est clair que cette méthode lumineuse n'est pas valable seulement en biologie, mais partout où l'on se trouve en présence de structures organisées qui n'ont été organisées par personne. Pour pouvoir se réclamer de la science en matière sociale, il faudrait avoir accompli par rapport au marxisme un progrès analogue à celui que Darwin a accompli par rapport à Lamarck. Les causes de l'évolution sociale ne doivent plus être cherchées ailleurs que dans les efforts quotidiens des hommes considérés comme individus. Ces efforts ne se dirigent certes pas n'importe où ; ils dépendent, pour chacun, du tempérament, de l'éducation, des routines, des coutumes, des préjugés, des besoins naturels ou acquis, de l'entourage, et surtout, d'une manière générale, de la nature humaine, terme qui, pour être malaisé à définir, n'est probablement pas vide de sens. Mais étant donné la diversité presque indéfinie des individus, étant donné surtout que la nature humaine comporte entre autres choses le pouvoir d'innover, de créer, de se dépasser soi-même, ce tissu d'efforts incohérents produirait n'importe quoi en fait d'organisation sociale, si le hasard ne se trouvait en ce domaine limité par les conditions d'existence auxquelles toute société doit se conformer sous peine d'être ou subjuguée ou anéantie. Ces conditions d'existence sont le plus souvent ignorées des hommes qui s'y soumettent ; elles agissent non pas en imposant aux efforts de chacun une direction déterminée, mais en condamnant à être inefficaces tous les efforts dirigés dans les voies qu'elles interdisent.

Ces conditions d'existence sont déterminées tout d'abord, comme pour les êtres vivants, d'une part par le milieu naturel, d'autre part par l'existence, par l'activité et particulièrement par la concurrence des autres organismes de même espèce, c'est-à-dire en l'occurrence des autres groupements sociaux. Mais un troisième facteur entre encore en jeu, à savoir l'aménagement du milieu naturel, l'outillage, l'armement, les procédés de travail et de combat ; et ce facteur occupe une place à part du fait que, s'il agit sur la forme de l'organisation sociale, il en subit à son tour la réaction. Au reste ce facteur est le seul sur lequel les membres d'une société puissent peut-être avoir quelque prise. Cet aperçu est trop abstrait pour pouvoir guider ; mais si l'on pouvait à partir de cette vue sommaire arriver à des analyses concrètes, il deviendrait enfin possible de poser le problème social. La bonne volonté éclairée des hommes agissant en tant qu'individus est l'unique principe possible du progrès social ; si les nécessités sociales, une fois clairement aperçues, se révélaient comme étant hors de la portée de cette bonne volonté au même titre que celles qui régissent les astres, chacun n'aurait plus qu'à regarder se dérouler l'histoire comme on regarde se dérouler les saisons, en faisant son possible pour éviter à lui-même et aux êtres aimés le malheur d'être soit un instrument soit une victime de l'oppression sociale. S'il en est autrement, il faudrait tout d'abord définir à titre de limite idéale les conditions objectives qui laisseraient place à une organisation sociale absolument pure d'oppression ; puis chercher par quels moyens et dans quelle mesure on peut transformer les conditions effectivement données de manière à les rapprocher de cet idéal ; trouver quelle est la forme la moins oppressive d'organisation sociale pour un ensemble de conditions objectives déterminées ; enfin définir dans ce domaine le pouvoir d'action et les responsabilités des individus considérés comme tels. À cette condition seulement l'action politique pourrait devenir quelque chose d'analogue à un travail, au lieu d'être, comme ce fut le cas jusqu'ici, soit un jeu, soit une branche de la magie.

Par malheur, pour en arriver là, il ne faut pas seulement des réflexions approfondies, rigoureuses, soumises, afin d'éviter toute erreur, au contrôle le plus serré ; il faut aussi des études historiques, techniques et scientifiques, d'une étendue et d'une précision inouïes, et menées d'un point de vue tout à fait nouveau. Cependant les événements n'attendent pas ; le temps ne s'arrêtera pas pour nous ménager des loisirs ; l'actualité s'impose à nous d'une manière urgente, et nous menace de catastrophes qui entraîneraient, parmi bien d'autres malheurs déchirants, l'impossibilité matérielle d'étudier et d'écrire autrement qu'au service des oppresseurs. Que faire ? Rien ne servirait de se laisser emporter dans la mêlée par un entraînement irréfléchi. Nul n'a la plus faible idée ni des buts ni des moyens de ce qu'on nomme encore par habitude l'action révolutionnaire. Quant au réformisme, le principe du moindre mal qui en constitue la base est certes éminemment raisonnable, si discrédité soit-il par la faute de ceux qui en ont fait usage jusqu'ici ; seulement, s'il n'a encore servi que de prétexte à capituler, ce n'est pas dû à la lâcheté de quelques chefs, mais à une ignorance par malheur commune à tous ; car tant qu'on n'a pas défini le pire et le mieux en fonction d'un idéal clairement et concrètement conçu, puis déterminé la marge exacte des possibilités, on ne sait pas quel est le moindre mal, et dès lors on est contraint d'accepter sous ce nom tout ce qu'imposent effectivement ceux qui ont en main la force, parce que n'importe quel mal réel est toujours moindre que les maux possibles que risque toujours d'amener une action non calculée. D'une manière générale, les aveugles que nous sommes actuellement n'ont guère le choix qu'entre la capitulation et l'aventure. L'on ne peut pourtant se dispenser de déterminer dès maintenant l'attitude à prendre par rapport à la situation présente. C'est pourquoi, en attendant d'avoir, si toutefois la chose est possible, démonté le mécanisme social, il est permis peut-être d'essayer d'en esquisser les principes ; pourvu qu'il soit bien entendu qu'une telle esquisse exclut toute espèce d'affirmation catégorique, et vise uniquement à soumettre quelques idées, à titre d'hypothèses, à l'examen critique des gens de bonne foi. Au reste on est loin d'être sans guide en la matière. Si le système de Marx, dans ses grandes lignes, est d'un faible secours, il en est autrement des analyses auxquelles il a été amené par l'étude concrète du capitalisme, et dans lesquelles, tout en croyant se borner à caractériser un régime, il a sans doute plus d'une fois saisi la nature cachée de l'oppression elle-même.

Parmi toutes les formes d'organisation sociale que nous présente l'histoire, fort rares sont celles qui apparaissent comme vraiment pures d'oppression ; encore sont-elles assez mal connues. Toutes correspondent à un niveau extrêmement bas de la production, si bas que la division du travail y est à peu près inconnue, sinon entre les sexes, et que chaque famille ne produit guère plus que ce qu'elle a besoin de consommer. Il est assez clair d'ailleurs qu'une pareille condition matérielle exclut forcément l'oppression, puisque chaque homme, contraint de se nourrir lui-même, est sans cesse aux prises avec la nature extérieure ; la guerre même, à ce stade, est guerre de pillage et d'extermination, non de conquête, parce que les moyens d'assurer la conquête et surtout d'en tirer parti font défaut. Ce qui est surprenant, ce n'est pas que l'oppression apparaisse seulement à partir des formes plus élevées de l'économie, c'est qu'elle les accompagne toujours. C'est donc qu'entre une économie tout à fait primitive et les formes économiques plus développées il n'y a pas seulement différence de degré, mais aussi de nature. Et en effet, si, du point de vue de la consommation, il n'y a que passage à un peu plus de bien-être, la production, qui est le facteur décisif, se transforme, elle, dans son essence même. Cette transformation consiste à première vue en un affranchissement progressif à l'égard de la nature. Dans les formes tout à fait primitives de la production, chasse, pêche, cueillette, l'effort humain apparaît comme une simple réaction à la pression inexorable continuellement exercée par la nature sur l'homme, et cela de deux manières ; tout d'abord il s'accomplit, ou peu s'en faut, sous la contrainte immédiate, sous l'aiguillon continuellement ressenti des besoins naturels ; et par une conséquence indirecte, l'action semble recevoir sa forme de la nature elle-même, à cause du rôle important qu'y jouent une intuition analogue à l'instinct animal et une patiente observation des phénomènes naturels les plus fréquents, à cause aussi de la répétition indéfinie des procédés qui ont souvent réussi sans qu'on sache pourquoi, et qui sont sans doute regardés comme étant accueillis par la nature avec une faveur particulière. À ce stade, chaque homme est nécessairement libre à l'égard des autres hommes, parce qu'il est en contact immédiat avec les conditions de sa propre existence, et que rien d'humain ne s'interpose entre elles et lui ; mais en revanche, et dans la même mesure, il est étroitement assujetti à la domination de la nature, et il le laisse bien voir en la divinisant. Aux étapes supérieures de la production, la contrainte de la nature continue certes à s'exercer, et toujours impitoyablement, mais d'une manière en apparence moins immédiate ; elle semble devenir de plus en plus large et laisser une marge croissante au libre choix de l'homme, à sa faculté d'initiative et de décision. L'action n'est plus collée d'instant en instant aux exigences de la nature ; on apprend à constituer des réserves, à longue échéance, pour des besoins non encore ressentis ; les efforts qui ne sont susceptibles que d'une utilité indirecte se font de plus en plus nombreux ; du même coup une coordination systématique dans le temps et dans l'espace devient possible et nécessaire, et l'importance s'en accroît continuellement. Bref l'homme semble passer par étapes, à l'égard de la nature, de l'esclavage à la domination. En même temps la nature perd graduellement son caractère divin, et la divinité revêt de plus en plus la forme humaine. Par malheur, cette émancipation n'est qu'une flatteuse apparence. En réalité, à ces étapes supérieures, l'action humaine continue, dans l'ensemble, à n'être que pure obéissance à l'aiguillon brutal d'une nécessité immédiate ; seulement, au lieu d'être harcelé par la nature, l'homme est désormais harcelé par l'homme. Au reste c'est bien toujours la pression de la nature qui continue à se faire sentir, quoique indirectement ; car l'oppression s'exerce par la force, et en fin de compte, toute force a sa source dans la nature.

La notion de force est loin d'être simple, et cependant elle est la première à élucider pour poser les problèmes sociaux. La force et l'oppression, cela fait deux ; mais ce qu'il faut comprendre avant tout, c'est que ce n'est pas la manière dont on use d'une force quelconque, mais sa nature même qui détermine si elle est ou non oppressive. C'est ce que Marx a clairement aperçu en ce qui concerne l'État ; il a compris que cette machine à broyer les hommes ne peut cesser de broyer tant qu'elle est en fonction, entre quelques mains qu'elle soit. Mais cette vue a une portée beaucoup plus générale. L'oppression procède exclusivement de conditions objectives. La première d'entre elles est l'existence de privilèges ; et ce ne sont pas les lois ou les décrets des hommes qui déterminent les privilèges, ni les titres de propriété ; c'est la nature même des choses. Certaines circonstances, qui correspondent à des étapes sans doute inévitables du développement humain, font surgir des forces qui s'interposent entre l'homme du commun et ses propres conditions d'existence, entre l'effort et le fruit de l'effort, et qui sont, par leur essence même, le monopole de quelques-uns, du fait qu'elles ne peuvent être réparties entre tous ; dès lors ces privilégiés, bien qu'ils dépendent, pour vivre, du travail d'autrui, disposent du sort de ceux même dont ils dépendent, et l'égalité périt. C'est ce qui se produit tout d'abord lorsque les rites religieux par lesquels l'homme croit se concilier la nature, devenus trop nombreux et trop compliqués pour être connus de tous, deviennent le secret et par suite le monopole de quelques prêtres ; le prêtre dispose alors, bien que ce soit seulement par une fiction, de toutes les puissances de la nature, et c'est en leur nom qu'il commande. Rien d'essentiel n'est changé lorsque ce monopole est constitué non plus par des rites, mais par des procédés scientifiques, et que ceux qui le détiennent s'appellent, au lieu de prêtres, savants et techniciens. Les armes, elles aussi, donnent naissance à un privilège du jour où d'une part elles sont assez puissantes pour rendre impossible toute défense d'hommes désarmés contre des hommes armés, et où d'autre part leur maniement est devenu assez perfectionné et par suite assez difficile pour exiger un long apprentissage et une pratique continuelle. Car dès lors les travailleurs sont impuissants à se défendre, au lieu que les guerriers, tout en se trouvant dans l'impossibilité de produire, peuvent toujours s'emparer par les armes des fruits du travail d'autrui ; ainsi les travailleurs sont à la merci des guerriers, et non inversement. Il en est de même pour l'or, et plus généralement pour la monnaie, dès que la division du travail est assez poussée pour qu'aucun travailleur ne puisse vivre de ses produits sans en avoir échangé au moins une partie avec ceux des autres ; l'organisation des échanges devient alors nécessairement le monopole de quelques spécialistes, et ceux-ci, ayant la monnaie en main, peuvent à la fois se procurer, pour vivre, les fruits du travail d'autrui, et priver les producteurs de l'indispensable. Enfin partout où dans la lutte contre les hommes ou contre la nature les efforts ont besoin de s'ajouter et de se coordonner entre eux pour être efficaces, la coordination devient le monopole de quelques dirigeants dès qu'elle atteint un certain degré de complication, et la première loi de l'exécution est alors l'obéissance ; c'est le cas aussi bien pour l'administration des affaires publiques que pour celle des entreprises. Il peut y avoir d'autres sources de privilège, mais ce sont là les principales ; au reste, sauf la monnaie qui apparaît à un moment déterminé de l'histoire, tous ces facteurs jouent sous tous les régimes oppressifs ; ce qui change, c'est la manière dont ils se répartissent et se combinent, c'est le degré de concentration du pouvoir, c'est aussi le caractère plus ou moins fermé et par suite plus ou moins mystérieux de chaque monopole. Cependant les privilèges, par eux-mêmes, ne suffisent pas à déterminer l'oppression. L'inégalité pourrait facilement être adoucie par la résistance des faibles et l'esprit de justice des forts ; elle ne ferait pas surgir une nécessité plus brutale encore que celle des besoins naturels eux-mêmes, s'il n'intervenait pas un autre facteur, à savoir la lutte pour la puissance.

Comme Marx l'a compris clairement pour le capitalisme, comme quelques moralistes l'ont aperçu d'une manière plus générale, la puissance enferme une espèce de fatalité qui pèse aussi impitoyablement sur ceux qui commandent que sur ceux qui obéissent ; bien plus, c'est dans la mesure où elle asservit les premiers que, par leur intermédiaire, elle écrase les seconds. La lutte contre la nature comporte des nécessités inéluctables et que rien ne peut faire fléchir, mais ces nécessités enferment leurs propres limites ; la nature résiste, mais elle ne se défend pas, et là où elle est seule en jeu, chaque situation pose des obstacles bien définis qui donnent sa mesure à l'effort humain. Il en est tout autrement dès que les rapports entre hommes se substituent au contact direct de l'homme avec la nature. Conserver la puissance est, pour les puissants, une nécessité vitale, puisque c'est leur puissance qui les nourrit ; or ils ont à la conserver à la fois contre leurs rivaux et contre leurs inférieurs, lesquels ne peuvent pas ne pas chercher à se débarrasser de maîtres dangereux ; car, par un cercle sans issue, le maître est redoutable à l'esclave du fait même qu'il le redoute, et réciproquement ; et il en est de même entre puissances rivales.

Bien plus, les deux luttes que doit mener chaque homme puissant, l'une contre ceux sur qui il règne et l'autre contre ses rivaux, se mêlent inextricablement : et sans cesse chacune rallume l'autre. Un pouvoir, quel qu'il soit, doit toujours tendre à s'affermir à l'intérieur au moyen de succès remportés au-dehors, car ces succès lui donnent des moyens de contrainte plus puissants ; de plus, la lutte contre ses rivaux rallie à sa suite ses propres esclaves, qui ont l'illusion d'être intéressés à l'issue du combat. Mais, pour obtenir de la part des esclaves l'obéissance et les sacrifices indispensables à un combat victorieux, le pouvoir doit se faire plus oppressif ; pour être en mesure d'exercer cette oppression, il est encore plus impérieusement contraint de se tourner vers l'extérieur ; et ainsi de suite. On peut parcourir la même chaîne en partant d'un autre chaînon ; montrer qu'un groupement social, pour être en mesure de se défendre contre les puissances extérieures qui voudraient se l'annexer, doit lui-même se soumettre à une autorité oppressive ; que le pouvoir ainsi établi, pour se maintenir en place, doit attiser les conflits avec les pouvoirs rivaux ; et ainsi de suite, encore une fois. C'est ainsi que le plus funeste des cercles vicieux entraîne la société tout entière à la suite de ses maîtres dans une ronde insensée.

On ne peut briser le cercle que de deux manières, ou en supprimant l'inégalité, ou en établissant un pouvoir stable, un pouvoir tel qu'il y ait équilibre entre ceux qui commandent et ceux qui obéissent. Cette seconde solution est celle qu'ont recherchée tous ceux que l'on nomme partisans de l'ordre, ou du moins tous ceux d'entre eux qui n'ont été mus ni par la servilité ni par l'ambition ; ce fut sans doute le cas des écrivains latins qui louèrent « l'immense majesté de la paix romaine », de Dante, de l'école réactionnaire du début du XIXe siècle, de Balzac, et, aujourd'hui, des hommes de droite sincères et réfléchis. Mais cette stabilité du pouvoir, objectif de ceux qui se disent réalistes, apparaît comme une chimère, si l'on y regarde de près, au même titre que l'utopie anarchiste.

Entre l'homme et la matière, chaque action, heureuse ou non, établit un équilibre qui ne peut être rompu que du dehors ; car la matière est inerte. Une pierre déplacée accepte sa place nouvelle ; le vent accepte de conduire à destination le même bateau qu'il aurait détourné de sa route si voile et gouvernail n'avaient été bien disposés. Mais les hommes sont des êtres essentiellement actifs, et possèdent une faculté de se déterminer eux-mêmes qu'ils ne peuvent jamais abdiquer, même s'ils le désirent, sinon le jour où ils retombent par la mort à l'état de matière inerte ; de sorte que toute victoire sur les hommes renferme en elle-même le germe d'une défaite possible, à moins d'aller jusqu'à l'extermination. Mais l'extermination supprime la puissance en en supprimant l'objet. Ainsi il y a, dans l'essence même de la puissance, une contradiction fondamentale, qui l'empêche de jamais exister à proprement parler ; ceux qu'on nomme les maîtres, sans cesse contraints de renforcer leur pouvoir sous peine de se le voir ravir, ne sont jamais qu'à la poursuite d'une domination essentiellement impossible à posséder, poursuite dont les supplices infernaux de la mythologie grecque offrent de belles images. Il en serait autrement si un homme pouvait posséder en lui-même une force supérieure à celle de beaucoup d'autres réunis ; mais ce n'est jamais le cas ; les instruments du pouvoir, armes, or, machines, secrets magiques ou techniques, existent toujours en dehors de celui qui en dispose, et peuvent être pris par d'autres. Ainsi tout pouvoir est instable.

D'une manière générale, entre êtres humains, les rapports de domination et de soumission, n'étant jamais pleinement acceptables, constituent toujours un déséquilibre sans remède et qui s'aggrave perpétuellement lui-même ; il en est ainsi même dans le domaine de la vie privée, où l'amour, par exemple, détruit tout équilibre dans l'âme dès qu'il cherche à s'asservir son objet ou à s'y asservir. Mais là du moins rien d'extérieur ne s'oppose à ce que la raison revienne tout mettre en ordre en établissant la liberté et l'égalité ; au lieu que les rapports sociaux, dans la mesure où les procédés mêmes du travail et du combat excluent l'égalité, semblent faire peser la folie sur les hommes comme une fatalité extérieure. Car du fait qu'il n'y a jamais pouvoir, mais seulement course au pouvoir, et que cette course est sans terme, sans limites, sans mesure, il n'y a pas non plus de limites ni de mesure aux efforts qu'elle exige ; ceux qui s'y livrent, contraints de faire toujours plus que leurs rivaux, qui s'efforcent de leur côté de faire plus qu'eux, doivent sacrifier non seulement l'existence des esclaves, mais la leur propre et celle des êtres les plus chers ; c'est ainsi qu'Agamemnon immolant sa fille revit dans les capitalistes qui, pour maintenir leurs privilèges, acceptent d'un cœur léger des guerres susceptibles de leur ravir leurs fils.

Ainsi la course au pouvoir asservit tout le monde, les puissants comme les faibles. Marx l'a bien vu en ce qui concerne le régime capitaliste. Rosa Luxemburg protestait contre l'apparence de « carrousel dans le vide » que présente le tableau marxiste de l'accumulation capitaliste, ce tableau où la consommation apparaît comme un « mal nécessaire » à réduire au minimum, un simple moyen pour maintenir en vie ceux qui se consacrent soit comme chefs soit comme ouvriers au but suprême, but qui n'est autre que la fabrication de l'outillage, c'est-à-dire des moyens de la production. Et pourtant c'est la profonde absurdité de ce tableau qui en fait la profonde vérité ; vérité qui déborde singulièrement le cadre du régime capitaliste. Le seul caractère propre à ce régime, c'est que les instruments de la production industrielle y sont en même temps les armes principales dans la course au pouvoir ; mais toujours les procédés de la course au pouvoir, quels qu'ils soient, se soumettent les hommes par le même vertige et s'imposent à eux à titre de fins absolues. C'est le reflet de ce vertige qui donne une grandeur épique à des œuvres comme la *Comédie humaine,* ou les *Histoires* de Shakespeare, ou les chansons de geste, ou l'*Iliade.* Le véritable sujet de l'*Iliade*, c'est l'emprise de la guerre sur les guerriers, et, par leur intermédiaire, sur tous les humains ; nul ne sait pourquoi chacun se sacrifie, et sacrifie tous les siens, à une guerre meurtrière et sans objet, et c'est pourquoi, tout au long du poème, c'est aux dieux qu'est attribuée l'influence mystérieuse qui fait échec aux pourparlers de paix, rallume sans cesse les hostilités, ramène les combattants qu'un éclair de raison pousse à abandonner la lutte.

Ainsi dans cet antique et merveilleux poème apparaît déjà le mal essentiel de l'humanité, la substitution des moyens aux fins. Tantôt la guerre apparaît au premier plan, tantôt la recherche de la richesse, tantôt la production ; mais le mal reste le même. Les moralistes vulgaires se plaignent que l'homme soit mené par son intérêt personnel ; plût au ciel qu'il en fût ainsi ! L'intérêt est un principe d'action égoïste, mais borné, raisonnable, qui ne peut engendrer des maux illimités. La loi de toutes les activités qui dominent l'existence sociale, c'est au contraire, exception faite pour les sociétés primitives, que chacun y sacrifie la vie humaine, en soi et en autrui, à des choses qui ne constituent que des moyens de mieux vivre. Ce sacrifice revêt des formes diverses, mais tout se résume dans la question du pouvoir. Le pouvoir, par définition, ne constitue qu'un moyen ; ou pour mieux dire posséder un pouvoir, cela consiste simplement à posséder des moyens d'action qui dépassent la force si restreinte dont un individu dispose par lui-même. Mais la recherche du pouvoir, du fait même qu'elle est essentiellement impuissante à se saisir de son objet, exclut toute considération de fin, et en arrive, par un renversement inévitable, à tenir lieu de toutes les fins. C'est ce renversement du rapport entre le moyen et la fin, c'est cette folie fondamentale qui rend compte de tout ce qu'il y a d'insensé et de sanglant tout au long de l'histoire. L'histoire humaine n'est que l'histoire de l'asservissement qui fait des hommes, aussi bien oppresseurs qu'opprimés, le simple jouet des instruments de domination qu'ils ont fabriqués eux-mêmes, et ravale ainsi l'humanité vivante à être la chose de choses inertes.

Aussi ce ne sont pas les hommes, mais les choses qui donnent à cette course vertigineuse au pouvoir sa limite et ses lois. Les désirs des hommes sont impuissants à la régler. Les maîtres peuvent bien rêver de modération, mais il leur est interdit de pratiquer cette vertu, sous peine de défaite, sinon dans une très faible mesure ; aussi, en dehors d'exceptions quasi miraculeuses, telles que Marc Aurèle, deviennent-ils rapidement incapables même de la concevoir. Quant aux opprimés, leur révolte permanente, qui bouillonne toujours bien qu'elle n'éclate que par moments, peut jouer de manière à aggraver le mal aussi bien que de manière à le restreindre ; et elle constitue surtout dans l'ensemble un facteur aggravant, du fait qu'elle contraint les maîtres à faire peser leur pouvoir toujours plus lourdement de crainte de le perdre. De temps en temps, les opprimés arrivent à chasser une équipe d'oppresseurs et à la remplacer par une autre, et parfois même à changer la forme de l'oppression ; mais quant à supprimer l'oppression elle-même, il faudrait à cet effet en supprimer les sources, abolir tous les monopoles, les secrets magiques ou techniques qui donnent prise sur la nature, les armements, la monnaie, la coordination des travaux. Quand les opprimés seraient assez conscients pour s'y déterminer, ils ne pourraient y réussir. Ce serait se condamner à être aussitôt asservis par les groupements sociaux qui n'ont pas opéré la même transformation ; et quand même ce danger serait écarté par miracle, ce serait se condamner à mort, car, quand on a une fois oublié les procédés de la production primitive et transformé le milieu naturel auquel ils correspondaient, on ne peut retrouver le contact immédiat avec la nature. Ainsi, malgré toutes les velléités de mettre fin à la folie et à l'oppression, la concentration du pouvoir et l'aggravation de son caractère tyrannique n'auraient point de bornes s'il ne s'en trouvait heureusement dans la nature des choses. Il importe de déterminer sommairement quelles peuvent être ces bornes ; et à cet effet il faut garder présent à l'esprit que, si l'oppression est une nécessité de la vie sociale, cette nécessité n'a rien de providentiel. Ce n'est pas parce qu'elle devient nuisible à la production que l'oppression peut prendre fin ; la « révolte des forces productrices », si naïvement invoquée par Trotsky comme un facteur de l'histoire, est une pure fiction. On se tromperait de même en supposant que l'oppression cesse d'être inéluctable dès que les forces productives sont assez développées pour pouvoir assurer à tous le bien-être et le loisir. Aristote admettait qu'il n'y aurait plus aucun obstacle à la suppression de l'esclavage si l'on pouvait faire assumer les travaux indispensables par des « esclaves mécaniques », et Marx, quand il a tenté d'anticiper sur l'avenir de l'espèce humaine, n'a fait que reprendre et développer cette conception. Elle serait juste si les hommes étaient conduits par la considération du bien-être ; mais, depuis l'époque de l'*Iliade* jusqu'à nos jours, les exigences insensées de la lutte pour le pouvoir ôtent même le loisir de songer au bien-être. L'élévation du rendement de l'effort humain demeurera impuissante à alléger le poids de cet effort aussi longtemps que la structure sociale impliquera le renversement du rapport entre le moyen et la fin, autrement dit aussi longtemps que les procédés du travail et du combat donneront à quelques-uns un pouvoir discrétionnaire sur les masses ; car les fatigues et les privations devenues inutiles dans la lutte contre la nature se trouveront absorbées par la guerre menée entre les hommes pour la défense ou la conquête des privilèges. Dès lors que la société est divisée en hommes qui ordonnent et hommes qui exécutent, toute la vie sociale est commandée par la lutte pour le pouvoir, et la lutte pour la subsistance n'intervient guère que comme un facteur, à vrai dire indispensable, de la première. La vue marxiste selon laquelle l'existence sociale est déterminée par les rapports entre l'homme et la nature établis par la production reste bien la seule base solide pour toute étude historique ; seulement ces rapports doivent être considérés d'abord en fonction du problème du pouvoir, les moyens de subsistance constituant simplement une donnée de ce problème. Cet ordre semble absurde, mais il ne fait que refléter l'absurdité essentielle qui est au cœur même de la vie sociale. Une étude scientifique de l'histoire serait donc une étude des actions et des réactions qui se produisent perpétuellement entre l'organisation du pouvoir et les procédés de la production ; car si le pouvoir dépend des conditions matérielles de la vie, il ne cesse jamais de transformer ces conditions elles-mêmes. Une telle étude dépasse actuellement de très loin nos possibilités ; mais, avant d'aborder la complexité infinie des faits, il est bon d'élaborer un schéma abstrait de ce jeu d'actions et de réactions, à peu près comme les astronomes ont dû inventer une sphère céleste imaginaire pour s'y reconnaître dans les mouvements et les positions des astres.

Il faut tenter tout d'abord de dresser une liste des nécessités inéluctables qui bornent toute espèce de pouvoir. En premier lieu, un pouvoir quelconque s'appuie sur des instruments qui ont dans chaque situation une portée déterminée. Ainsi on ne commande pas de la même manière au moyen de soldats armés de flèches, de lances et d'épées qu'au moyen d'avions et de bombes incendiaires ; la puissance de l'or dépend du rôle joué par les échanges dans la vie économique ; celle des secrets techniques est mesurée par la différence entre ce qu'on peut accomplir par leur moyen et ce qu'on peut accomplir sans eux ; et ainsi de suite. À vrai dire, il faut toujours faire entrer en ligne de compte dans ce bilan les ruses grâce auxquelles les puissants obtiennent par persuasion ce qu'ils sont hors d'état d'obtenir par contrainte, soit en mettant les opprimés dans une situation telle qu'ils aient ou croient avoir un intérêt immédiat à faire ce qu'on leur demande, soit en leur inspirant un fanatisme propre à leur faire accepter tous les sacrifices. En second lieu, comme le pouvoir qu'exerce réellement un être humain ne s'étend qu'à ce qui se trouve effectivement soumis à son contrôle, le pouvoir se heurte toujours aux bornes mêmes de la faculté de contrôle, lesquelles sont fort étroites. Car aucun esprit ne peut embrasser une masse d'idées à la fois ; aucun homme ne peut se trouver à la fois en plusieurs lieux ; et pour le maître comme pour l'esclave la journée n'a jamais que vingt-quatre heures. La collaboration constitue en apparence un remède à cet inconvénient ; mais comme elle n'est jamais complètement pure de rivalité, il en résulte des complications infinies. Les facultés d'examiner, de comparer, de peser, de décider, de combiner sont essentiellement individuelles, et par suite il en est aussi de même du pouvoir, dont l'exercice est inséparable de ces facultés ; le pouvoir collectif est une fiction, du moins en dernière analyse. Quant à la quantité d'affaires qui peuvent tomber sous le contrôle d'un seul homme, elle dépend dans une très large mesure de facteurs individuels tels que l'étendue et la rapidité de l'intelligence, la capacité de travail, la fermeté du caractère ; mais elle dépend également des conditions objectives du contrôle, rapidité plus ou moins grande des transports et des informations, simplicité ou complication des rouages du pouvoir. Enfin l'exercice d'un pouvoir quelconque a pour condition un excédent dans la production des subsistances, et un excédent assez considérable pour que tous ceux qui se consacrent, soit en qualité de maîtres, soit en qualité d'esclaves, à la lutte pour le pouvoir, puissent vivre. Il est clair que la mesure de cet excédent dépend du mode de production, et par suite aussi de l'organisation sociale. Voilà donc trois facteurs qui permettent de concevoir le pouvoir politique et social comme constituant à chaque instant quelque chose d'analogue à une force mesurable. Cependant, pour compléter le tableau, il faut tenir compte du fait que les hommes qui se trouvent en rapport, soit à titre de maîtres soit à titre d'esclaves, avec le phénomène du pouvoir sont inconscients de cette analogie. Les puissants, qu'ils soient prêtres, chefs militaires, rois ou capitalistes, croient toujours commander en vertu d'un droit divin ; et ceux qui leur sont soumis se sentent écrasés par une puissance qui leur paraît divine ou diabolique, mais, de toute manière surnaturelle. Toute société oppressive est cimentée par cette religion du pouvoir, qui fausse tous les rapports sociaux en permettant aux puissants d'ordonner au-delà de ce qu'ils peuvent imposer ; il n'en est autrement que dans les moments d'effervescence populaire, moments où au contraire tous, esclaves révoltés et maîtres menacés, oublient combien les chaînes de l'oppression sont lourdes et solides.

Ainsi une étude scientifique de l'histoire devrait commencer par analyser les réactions exercées à chaque instant par le pouvoir sur les conditions qui lui assignent objectivement ses bornes ; et une esquisse hypothétique du jeu de ses réactions est indispensable pour guider une telle analyse, d'ailleurs beaucoup trop difficile eu égard à nos possibilités actuelles. Certaines de ces réactions sont conscientes et voulues. Tout pouvoir s'efforce consciemment, dans la mesure de ses moyens, mesure déterminée par l'organisation sociale, d'améliorer dans son propre domaine la production et le contrôle ; l'histoire en fournit maint exemple, depuis les pharaons jusqu'à nos jours, et c'est là-dessus que s'appuie la notion de despotisme éclairé. En revanche tout pouvoir s'efforce aussi, et toujours consciemment, de détruire chez ses rivaux les moyens de produire et d'administrer, et est de leur part l'objet d'une tentative analogue. Ainsi la lutte pour le pouvoir est à la fois constructrice et destructrice, et amène ou un progrès ou une décadence économique selon que la construction ou la destruction l'emporte ; et il est clair que dans une civilisation déterminée la destruction s'opérera dans une mesure d'autant plus grande qu'il sera plus difficile à un pouvoir de s'étendre sans se heurter à des pouvoirs rivaux de force à peu près égale. Mais les conséquences indirectes de l'exercice du pouvoir ont beaucoup plus d'importance que les efforts conscients des puissants. Tout pouvoir, du fait même qu'il s'exerce, étend jusqu'à la limite du possible les rapports sociaux sur lesquels il repose ; ainsi le pouvoir militaire multiplie les guerres, le capital commercial multiplie les échanges. Or il arrive parfois, par une sorte de hasard providentiel, que cette extension fait surgir, par un mécanisme quelconque, des ressources nouvelles rendant possible une nouvelle extension, et ainsi de suite, à peu près comme la nourriture renforce les corps vivants en pleine croissance et leur permet ainsi de conquérir plus de nourriture encore de manière à acquérir de plus grandes forces. Tous les régimes offrent des exemples de ces hasards providentiels ; car sans de tels hasards, aucune forme de pouvoir ne pourrait durer, de sorte que les pouvoirs qui en bénéficient sont seuls à subsister. Ainsi la guerre permettait aux Romains de ravir des esclaves, c'est-à-dire des travailleurs dans la force de l'âge dont d'autres avaient eu à nourrir l'enfance ; le profit tiré du travail des esclaves permettait de renforcer l'armée, et l'armée plus forte entreprenait des guerres plus vastes qui lui valaient un butin d'esclaves nouveau et plus considérable. De même les routes que les Romains construisaient à des fins militaires facilitaient par la suite l'administration et l'exploitation des provinces et contribuaient par conséquent à entretenir des ressources pour les guerres nouvelles. Si l'on passe aux Temps modernes, on voit par exemple que l'extension des échanges a provoqué une division plus grande du travail, laquelle à son tour a rendu indispensable une plus grande circulation des marchandises ; de plus la productivité accrue qui en est résultée a fourni des ressources nouvelles qui ont pu se transformer en capital commercial et industriel. En ce qui concerne la grande industrie, il est clair que chaque progrès important du machinisme a créé à la fois des ressources, des instruments et un stimulant pour un progrès nouveau. De même c'est la technique de la grande industrie qui s'est trouvée fournir les moyens de contrôle et d'information indispensables à l'économie centralisée à laquelle la grande industrie aboutit fatalement, tels que le télégraphe, le téléphone, la presse quotidienne. On peut en dire autant des moyens de transport. On pourrait trouver tout au cours de l'histoire une immense quantité d'exemples analogues, portant sur les plus grands et sur les plus petits aspects de la vie sociale. On peut définir la croissance d'un régime par le fait qu'il lui suffit de fonctionner pour susciter de nouvelles ressources lui permettant de fonctionner sur une plus grande échelle.

Ce phénomène de développement automatique est si frappant qu'on serait tenté d'imaginer qu'un régime heureusement constitué, si l'on peut s'exprimer ainsi, subsisterait et progresserait sans fin. C'est exactement là ce que le XIXe siècle, socialistes compris, s'est figuré concernant le régime de la grande industrie. Mais s'il est facile d'imaginer d'une manière vague un régime oppressif qui ne connaîtrait jamais de décadence, il n'en est plus de même si l'on veut concevoir clairement et concrètement l'extension indéfinie d'un pouvoir déterminé. S'il pouvait étendre sans fin ses moyens de contrôle, il s'approcherait indéfiniment d'une limite qui serait comme l'équivalent de l'ubiquité ; s'il pouvait étendre sans fin ses ressources, tout se passerait comme si la nature environnante évoluait graduellement vers cette générosité sans réserve dont Adam et Ève bénéficiaient au paradis terrestre ; et enfin s'il pouvait étendre indéfiniment la portée de ses propres instruments – qu'il s'agisse d'armes, d'or, de secrets techniques, de machines ou d'autre chose – il tendrait à abolir cette corrélation qui, en liant indissolublement la notion de maître à celle d'esclave, établit entre maître et esclave un rapport de dépendance réciproque. On ne peut prouver que tout cela soit impossible ; mais il faut admettre que c'est impossible, ou bien se résoudre à penser l'histoire humaine comme un conte de fées. D'une manière générale, on ne peut considérer le monde où nous vivons comme soumis à des lois que si l'on admet que tout phénomène y est limité ; et c'est le cas aussi pour le phénomène du pouvoir, comme l'avait compris Platon. Si l'on veut considérer le pouvoir comme un phénomène concevable, il faut penser qu'il peut étendre les bases sur lesquelles il repose jusqu'à un certain point seulement, après quoi il se heurte comme à un mur infranchissable. Mais néanmoins il ne lui est pas loisible de s'arrêter ; l'aiguillon de la rivalité le contraint à aller plus loin et toujours plus loin, c'est-à-dire à dépasser les limites à l'intérieur desquelles il peut effectivement s'exercer. Il s'étend au-delà de ce qu'il peut contrôler ; il commande au-delà de ce qu'il peut imposer ; il dépense au-delà de ses propres ressources. Telle est la contradiction interne que tout régime oppressif porte en lui comme un germe de mort ; elle est constituée par l'opposition entre le caractère nécessairement limité des bases matérielles du pouvoir et le caractère nécessairement illimité de la course au pouvoir en tant que rapport entre les hommes.

Car dès qu'un pouvoir dépasse les limites qui lui sont imposées par la nature des choses, il rétrécit les bases sur lesquelles il s'appuie, il rend ces limites mêmes de plus en plus étroites. En s'étendant au-delà de ce qu'il peut contrôler, il engendre un parasitisme, un gaspillage, un désordre qui, une fois apparus, s'accroissent automatiquement. En essayant de commander là même où il n'est pas en état de contraindre, il provoque des réactions qu'il ne peut ni prévoir ni régler. Enfin, en voulant étendre l'exploitation des opprimés au-delà de ce que permettent les ressources objectives, il épuise ces ressources elles-mêmes ; c'est là sans doute ce que signifie le conte antique et populaire de la poule aux œufs d'or. Quelles que soient les sources d'où les exploiteurs tirent les biens qu'ils s'approprient, un moment vient où tel procédé d'exploitation, qui était d'abord, à mesure qu'il s'étendait, de plus en plus productif, se fait au contraire ensuite de plus en plus coûteux. C'est ainsi que l'armée romaine, qui avait d'abord enrichi Rome, finit par la ruiner ; c'est ainsi que les chevaliers du Moyen Âge, dont les combats avaient d'abord donné une sécurité relative aux paysans qui se trouvaient quelque peu protégés contre le brigandage, finirent au cours de leurs guerres continuelles par dévaster les campagnes qui les nourrissaient ; et le capitalisme semble bien traverser une phase de ce genre. Encore une fois, on ne peut prouver qu'il doive toujours en être ainsi ; mais il faut l'admettre, à moins de supposer la possibilité de ressources inépuisables. Ainsi c'est la nature même des choses qui constitue cette divinité justicière que les Grecs adoraient sous le nom de Némésis, et qui châtie la démesure.

Quand une forme déterminée de domination se trouve ainsi arrêtée dans son essor et acculée à la décadence, il s'en faut qu'elle commence à disparaître peu à peu ; parfois c'est alors au contraire qu'elle se fait le plus durement oppressive, qu'elle écrase les êtres humains sous son poids, qu'elle broie sans pitié corps, cœurs et esprits. Seulement comme tous se mettent peu à peu à manquer des ressources qu'il faudrait aux uns pour vaincre, aux autres pour vivre, un moment vient où, de toutes parts, on cherche fiévreusement des expédients. Il n'y a aucune raison pour qu'une telle recherche ne demeure pas vaine ; et en ce cas le régime ne peut que finir par sombrer faute de ressources pour subsister, et céder la place non pas à un autre régime mieux organisé, mais à un désordre, à une misère, à une vie primitive qui durent jusqu'à ce qu'une cause quelconque fasse surgir de nouveaux rapports de force. S'il en est autrement, si la recherche de ressources nouvelles est fructueuse, de nouvelles formes de vie sociale surgissent et un changement de régime se prépare lentement et comme souterrainement. Souterrainement, car ces formes nouvelles ne peuvent se développer que pour autant qu'elles sont compatibles avec l'ordre établi et qu'elles ne présentent, tout au moins en apparence, aucun danger pour les pouvoirs constitués ; sans quoi rien ne pourrait empêcher ces pouvoirs de les anéantir, aussi longtemps qu'ils sont les plus forts. Pour que les nouvelles formes sociales l'emportent sur les anciennes, il faut qu'au préalable ce développement continu les ait amenées à jouer effectivement un rôle plus important dans le fonctionnement de l'organisme social, autrement dit qu'elles aient suscité des forces supérieures à celles dont disposent les pouvoirs officiels. Ainsi il n'y a jamais véritablement rupture de continuité, non pas même quand la transformation du régime semble l'effet d'une lutte sanglante ; car la victoire ne fait alors que consacrer des forces qui, dès avant la lutte, constituaient le facteur décisif de la vie collective, des formes sociales qui avaient commencé depuis longtemps à se substituer progressivement à celles sur lesquelles reposait le régime en décadence. C'est ainsi que, dans l'Empire romain, les barbares s'étaient mis à occuper les postes les plus importants, l'armée se disloquait peu à peu en bandes menées par des aventuriers et l'institution du colonat substituait progressivement le servage à l'esclavage, tout cela longtemps avant les grandes invasions. De même la bourgeoisie française n'a pas, il s'en faut, attendu 1789 pour l'emporter sur la noblesse. La révolution russe a, il est vrai, grâce à un singulier concours de circonstances, paru faire surgir quelque chose d'entièrement nouveau ; mais la vérité est que les privilèges supprimés par elle n'avaient depuis longtemps aucune base sociale en dehors de la tradition ; que les institutions surgies au cours de l'insurrection n'ont peut-être pas été effectivement en fonction l'espace d'un matin ; et que les forces réelles, à savoir la grande industrie, la police, l'armée, la bureaucratie, loin d'avoir été brisées par la révolution, sont parvenues grâce à elle à une puissance inconnue dans les autres pays. D'une manière générale ce renversement soudain du rapport des forces qui est ce qu'on entend d'ordinaire par révolution n'est pas seulement un phénomène inconnu dans l'histoire, c'est encore, si l'on y regarde de près, quelque chose à proprement parler d'inconcevable, car ce serait une victoire de la faiblesse sur la force, l'équivalent d'une balance dont le plateau le moins lourd s'abaisserait. Ce que l'histoire nous présente, ce sont de lentes transformations de régimes où les événements sanglants que nous baptisons révolutions jouent un rôle fort secondaire, et d'où ils peuvent même être absents ; c'est le cas lorsque la couche sociale qui dominait au nom des anciens rapports de force arrive à conserver une partie du pouvoir à la faveur des rapports nouveaux, et l'histoire d'Angleterre en fournit un exemple. Mais quelques formes que prennent les transformations sociales, l'on n'aperçoit, si l'on essaie d'en mettre à nu le mécanisme, qu'un morne jeu de forces aveugles qui s'unissent ou se heurtent, qui progressent ou déclinent, qui se substituent les unes aux autres, sans jamais cesser de broyer sous elles les malheureux humains. Ce sinistre engrenage ne présente à première vue aucun défaut par où une tentative de délivrance puisse trouver passage. Mais ce n'est pas d'une esquisse aussi vague, aussi abstraite, aussi misérablement sommaire que l'on peut prétendre tirer une conclusion.

Il faut poser encore une fois le problème fondamental, à savoir en quoi consiste le lien qui semble jusqu'ici unir l'oppression sociale et le progrès dans les rapports de l'homme avec la nature. Si l'on considère en gros l'ensemble du développement humain jusqu'à nos jours, si surtout l'on oppose les peuplades primitives, organisées presque sans inégalité, à notre civilisation actuelle, il semble que l'homme ne puisse parvenir à alléger le joug des nécessités naturelles sans alourdir d'autant celui de l'oppression sociale, comme par le jeu d'un mystérieux équilibre. Et même, chose plus singulière encore, on dirait que, si la collectivité humaine s'est dans une large mesure affranchie du poids dont les forces démesurées de la nature accablent la faible humanité, elle a en revanche pris en quelque sorte la succession de la nature au point d'écraser l'individu d'une manière analogue.

En quoi l'homme primitif est-il esclave ? C'est qu'il ne dispose presque pas de sa propre activité ; il est le jouet du besoin, qui lui dicte chacun de ses gestes, ou peu s'en faut, et le harcèle de son aiguillon impitoyable ; et ses actions sont réglées non pas par sa propre pensée, mais par les coutumes et les caprices également incompréhensibles d'une nature qu'il ne peut qu'adorer avec une aveugle soumission. Si l'on ne considère que la collectivité, les hommes semblent s'être élevés de nos jours à une condition qui se trouve aux antipodes de cet état servile. Presque aucun de leurs travaux ne constitue une simple réponse à l'impérieuse impulsion du besoin ; le travail s'accomplit de manière à prendre possession de la nature et à l'aménager en sorte que les besoins se trouvent satisfaits. L'humanité ne se croit plus en présence de divinités capricieuses dont il faille se concilier la faveur ; elle sait qu'elle a simplement à manier de la matière inerte, et s'acquitte de cette tâche en se réglant méthodiquement sur des lois clairement conçues. Enfin il semble que nous soyons parvenus à cette époque prédite par Descartes où les hommes emploieraient « la force et les actions du feu, de l'eau, de l'air, des astres et de tous les autres corps » en même façon que les métiers des artisans, et se rendraient ainsi maîtres de la nature. Mais, par un renversement étrange, cette domination collective se transforme en asservissement dès que l'on descend à l'échelle de l'individu, et en un asservissement assez proche de celui que comporte la vie primitive. Les efforts du travailleur moderne lui sont imposés par une contrainte aussi brutale, aussi impitoyable et qui le serre d'aussi près que la faim serre de près le chasseur primitif ; depuis ce chasseur primitif jusqu'à l'ouvrier de nos grandes fabriques, en passant par les travailleurs égyptiens menés à coups de fouet, par les esclaves antiques, par les serfs du Moyen Âge que menaçait constamment l'épée des seigneurs, les hommes n'ont jamais cessé d'être poussés au travail par une force extérieure et sous peine de mort presque immédiate. Et quant à l'enchaînement des mouvements du travail, il est souvent, lui aussi, imposé du dehors à nos ouvriers tout comme aux hommes primitifs, et aussi mystérieux aux premiers qu'aux seconds ; bien plus, dans ce domaine, la contrainte est en certains cas sans comparaison plus brutale aujourd'hui qu'elle n'a jamais été ; si livré que pût être un homme primitif à la routine et aux tâtonnements aveugles, il pouvait au moins tenter de réfléchir, de combiner et d'innover à ses risques et périls, liberté dont un travailleur à la chaîne est absolument privé. Enfin si l'humanité semble parvenue à disposer de ces forces de la nature qui pourtant, selon la parole de Spin-off, « dépassent infiniment celles de l'homme », et cela presque aussi souverainement qu'un cavalier dispose de son cheval, cette victoire n'appartient pas aux hommes pris un à un ; seules les plus vastes collectivités sont en état de manier « la force et les actions du feu, de l'eau, de l'air… et de tous les autres corps qui nous entourent » ; quant aux membres de ces collectivités, oppresseurs et opprimés y sont pareillement soumis aux exigences implacables de la lutte pour le pouvoir.

Ainsi, en dépit du progrès, l'homme n'est pas sorti de la condition servile dans laquelle il se trouvait quand il était livré faible et nu à toutes les forces aveugles qui composent l'univers ; simplement la puissance qui le maintient sur les genoux a été comme transférée de la matière inerte à la société qu'il forme lui-même avec ses semblables. Aussi est-ce cette société qui est imposée à son adoration à travers toutes les formes que prend tour à tour le sentiment religieux. Dès lors la question sociale se pose sous une forme assez claire ; il faut examiner le mécanisme de ce transfert ; chercher pourquoi l'homme a dû payer à ce prix sa puissance sur la nature ; concevoir en quoi peut consister pour lui la situation la moins malheureuse, c'est-à-dire celle où il serait le moins asservi à la double domination de la nature et de la société ; enfin apercevoir quels chemins peuvent rapprocher d'une telle situation, et quels instruments pourrait fournir aux hommes d'aujourd'hui la civilisation actuelle s'ils aspiraient à transformer leur vie en ce sens.

Nous acceptons trop facilement le progrès matériel comme un don du ciel, comme une chose qui va de soi ; il faut regarder en face les conditions au prix desquelles il s'accomplit. La vie primitive est quelque chose d'aisément compréhensible ; l'homme est piqué par la faim, ou tout au moins par la pensée elle-même lancinante qu'il sera bientôt saisi par la faim, et il part en quête de nourriture ; il frissonne sous l'emprise du froid, ou du moins sous l'emprise de la pensée qu'il aura bientôt froid, et il cherche des choses bonnes à créer ou à conserver la chaleur ; et ainsi de suite. Quant à la manière de s'y prendre, elle lui est donnée tout d'abord par le pli, pris dès l'enfance, d'imiter les anciens, et aussi par les habitudes qu'il s'est lui-même données, au cours de multiples tâtonnements, en répétant les procédés qui ont réussi ; lorsqu'il est pris au dépourvu, il tâtonne encore, poussé qu'il est à agir par un aiguillon qui ne lui laisse point de répit. En tout cela, l'homme n'a qu'à céder à sa propre nature, et non à la vaincre.

Au contraire, dès qu'on passe à un stade plus avancé de la civilisation, tout devient miraculeux. On voit alors les hommes mettre de côté des choses bonnes à consommer, désirables, et dont cependant ils se privent. On les voit abandonner dans une large mesure la recherche de la nourriture, de la chaleur et du reste, et consacrer le meilleur de leurs forces à des travaux en apparence stériles. À vrai dire ces travaux, pour la plupart, loin d'être stériles, sont infiniment plus productifs que les efforts de l'homme primitif, car ils ont pour effet un aménagement de la nature extérieure dans un sens favorable à la vie humaine ; mais cette efficacité est indirecte, et souvent séparée de l'effort par tant d'intermédiaires que l'esprit a peine à les parcourir ; elle est à longue échéance, souvent à si longue échéance que seules les générations futures en profiteront ; alors qu'au contraire la fatigue exténuante, les douleurs, les dangers liés à ces travaux se font immédiatement et perpétuellement ressentir. Or chacun sait bien par sa propre expérience combien il est rare que l'idée abstraite d'une utilité lointaine l'emporte sur les douleurs, les besoins, les désirs présents. Il faut pourtant qu'elle l'emporte dans l'existence sociale, sous peine de retour à la vie primitive.

Mais ce qui est plus miraculeux encore, c'est la coordination des travaux. Tout niveau un peu élevé de la production suppose une coopération plus ou moins étendue ; et la coopération se définit par le fait que les efforts de chacun n'ont de sens et d'efficacité que par leur rapport et leur exacte correspondance avec les efforts de tous les autres, de manière que tous les efforts forment un seul travail collectif. Autrement dit, les mouvements de plusieurs hommes doivent se combiner à la manière dont se combinent les mouvements d'un seul homme. Mais comment cela se peut-il ? Une combinaison ne s'opère que si elle est pensée ; or un rapport ne se forme jamais qu'à l'intérieur d'un esprit. Le nombre *deux* pensé par un homme ne peut s'ajouter au nombre *deux* pensé par un autre homme pour former le nombre *quatre* ; de même la conception qu'un des coopérateurs se fait du travail partiel qu'il accomplit ne peut se combiner avec la conception que chacun des autres se fait de sa tâche respective pour former un travail cohérent. Plusieurs esprits humains ne s'unissent point en un esprit collectif, et les termes d'âme collective, de pensée collective, si couramment employés de nos jours, sont tout à fait vides de sens. Dès lors, pour que les efforts de plusieurs se combinent, il faut qu'ils soient tous dirigés par un seul et même esprit, comme l'exprime le célèbre vers de Faust : « Un esprit suffit pour mille bras. »

Dans l'organisation égalitaire des peuplades primitives, rien ne permet de résoudre aucun de ces problèmes, ni celui de la privation, ni celui du stimulant de l'effort, ni celui de la coordination des travaux ; en revanche l'oppression sociale fournit une solution immédiate, en créant, pour dire la chose en gros, deux catégories d'hommes, ceux qui commandent et ceux qui obéissent. Le chef coordonne sans peine les efforts des hommes qui sont subordonnés à ses ordres ; il n'a aucune tentation à vaincre pour les réduire au strict nécessaire ; et quant au stimulant de l'effort, une organisation oppressive est admirablement propre à faire galoper les hommes au-delà des limites de leurs forces, les uns étant fouettés par l'ambition, les autres, selon la parole d'Homère, « sous la pression d'une dure nécessité ».

Les résultats sont souvent prodigieux lorsque la division des catégories sociales est assez profonde. Pour que ceux qui décident les travaux ne soient jamais exposés à en ressentir ou même à en connaître ni les peines épuisantes, ni les douleurs, ni les dangers, cependant que ceux qui exécutent et souffrent n'ont pas le choix, étant perpétuellement sous le coup d'une menace de mort plus ou moins déguisée. C'est ainsi que l'homme n'échappe dans une certaine mesure aux caprices d'une nature aveugle qu'en se livrant aux caprices non moins aveugles de la lutte pour le pouvoir. Cela n'est jamais plus vrai que lorsque l'homme arrive, comme c'est le cas pour nous, à une technique assez avancée pour avoir la maîtrise des forces de la nature ; car, pour qu'il puisse en être ainsi, la coopération doit s'accomplir à une échelle tellement vaste que les dirigeants se trouvent avoir en main une masse d'affaires qui dépasse formidablement leur capacité de contrôle. L'humanité se trouve de ce fait le jouet des forces de la nature, sous la nouvelle forme que leur a donnée le progrès technique, autant qu'elle l'a jamais été dans les temps primitifs ; nous en avons fait, nous en faisons, nous en ferons l'amère expérience. Quant aux tentatives pour conserver la technique en secouant l'oppression, elles suscitent aussitôt une telle paresse et un tel désordre que ceux qui s'y sont livrés se trouvent le plus souvent contraints de remettre presque aussitôt la tête sous le joug ; l'expérience en a été faite sur une petite échelle dans les coopératives de production, sur une vaste échelle lors de la révolution russe. Il semblerait que l'homme naisse esclave, et que la servitude soit sa condition propre.

Tableau théorique d'une société libre

Et pourtant rien au monde ne peut empêcher l'homme de se sentir né pour la liberté. Jamais, quoi qu'il advienne, il ne peut accepter la servitude ; car il pense. Il n'a jamais cessé de rêver une liberté sans limites, soit comme un bonheur passé dont un châtiment l'aurait privé, soit comme un bonheur à venir qui lui serait dû par une sorte de pacte avec une providence mystérieuse. Le communisme imaginé par Marx est la forme la plus récente de ce rêve. Ce rêve est toujours demeuré vain, comme tous les rêves, ou, s'il a pu consoler, ce n'est que comme un opium ; il est temps de renoncer à rêver la liberté, et de se décider à la concevoir.

C'est la liberté parfaite qu'il faut s'efforcer de se représenter clairement, non pas dans l'espoir d'y atteindre, mais dans l'espoir d'atteindre une liberté moins imparfaite que n'est notre condition actuelle ; car le meilleur n'est concevable que par le parfait. On ne peut se diriger que vers un idéal. L'idéal est tout aussi irréalisable que le rêve, mais, à la différence du rêve, il a rapport à la réalité ; il permet, à titre de limite, de ranger des situations ou réelles ou réalisables dans l'ordre de la moindre à la plus haute valeur. La liberté parfaite ne peut pas être conçue comme consistant simplement dans la disparition de cette nécessité dont nous subissons perpétuellement la pression ; tant que l'homme vivra, c'est-à-dire tant qu'il constituera un infime fragment de cet univers impitoyable, la pression de la nécessité ne se relâchera jamais un seul instant. Un état de choses où l'homme aurait autant de jouissances et aussi peu de fatigues qu'il lui plairait ne peut pas trouver place, sinon par fiction, dans le monde où nous vivons. La nature est, il est vrai, plus clémente ou plus sévère aux besoins humains, selon les climats et peut-être selon les époques ; mais attendre l'invention miraculeuse qui la rendrait clémente partout et une fois pour toutes, c'est à peu près aussi raisonnable que les espérances attachées autrefois à la date de l'an mille. Au reste, si l'on examine cette fiction de près, il n'apparaît même pas qu'elle vaille un regret. Il suffit de tenir compte de la faiblesse humaine pour comprendre qu'une vie d'où la notion même du travail aurait à peu près disparu serait livrée aux passions et peut-être à la folie ; il n'y a pas de maîtrise de soi sans discipline, et il n'y a pas d'autre source de discipline pour l'homme que l'effort demandé par les obstacles extérieurs. Un peuple d'oisifs pourrait bien s'amuser à se donner des obstacles, s'exercer aux sciences, aux arts, aux jeux ; mais les efforts qui procèdent de la seule fantaisie ne constituent pas pour l'homme un moyen de dominer ses propres fantaisies. Ce sont les obstacles auxquels on se heurte et qu'il faut surmonter qui fournissent l'occasion de se vaincre soi-même. Même les activités en apparence les plus libres, science, art, sport, n'ont de valeur qu'autant qu'elles imitent l'exactitude, la rigueur, le scrupule propres aux travaux, et même les exagèrent. Sans le modèle que leur fournissent sans le savoir le laboureur, le forgeron, le marin qui travaillent comme il faut, pour employer cette expression d'une ambiguïté admirable, elles sombreraient dans le pur arbitraire. La seule liberté qu'on puisse attribuer à l'âge d'or, c'est celle dont jouiraient les petits enfants si les parents ne leur imposaient pas des règles ; elle n'est en réalité qu'une soumission inconditionnée au caprice. Le corps humain ne peut en aucun cas cesser de dépendre du puissant univers dans lequel il est pris ; quand même l'homme cesserait d'être soumis aux choses et aux autres hommes par les besoins et les dangers, il ne leur serait que plus complètement livré par les émotions qui le saisiraient continuellement aux entrailles et dont aucune activité régulière ne le défendrait plus. Si l'on devait entendre par liberté la simple absence de toute nécessité, ce mot serait vide de toute signification concrète ; mais il ne représenterait pas alors pour nous ce dont la privation ôte à la vie sa valeur.

On peut entendre par liberté autre chose que la possibilité d'obtenir sans effort ce qui plaît. Il existe une conception bien différente de la liberté, une conception héroïque qui est celle de la sagesse commune. La liberté véritable ne se définit pas par un rapport entre le désir et la satisfaction, mais par un rapport entre la pensée et l'action ; serait tout à fait libre l'homme dont toutes les actions procéderaient d'un jugement préalable concernant la fin qu'il se propose et l'enchaînement des moyens propres à amener cette fin. Peu importe que les actions en elles-mêmes soient aisées ou douloureuses, et peu importe même qu'elles soient couronnées de succès ; la douleur et l'échec peuvent rendre l'homme malheureux, mais ne peuvent pas l'humilier aussi longtemps que c'est lui-même qui dispose de sa propre faculté d'agir. Et disposer de ses propres actions ne signifie nullement agir arbitrairement ; les actions arbitraires ne procèdent d'aucun jugement, et ne peuvent à proprement parler être appelées libres. Tout jugement porte sur une situation objective, et par suite sur un tissu de nécessités. L'homme vivant ne peut en aucun cas cesser d'être enserré de toutes parts par une nécessité absolument inflexible ; mais comme il pense, il a le choix entre céder aveuglément à l'aiguillon par lequel elle le pousse de l'extérieur, ou bien se conformer à la représentation intérieure qu'il s'en forge ; et c'est en quoi consiste l'opposition entre servitude et liberté. Les deux termes de cette opposition ne sont au reste que des limites idéales entre lesquelles se meut la vie humaine sans pouvoir jamais en atteindre aucune, sous peine de n'être plus la vie. Un homme serait complètement esclave si tous ses gestes procédaient d'une autre source que sa pensée, à savoir ou bien les réactions irraisonnées du corps, ou bien la pensée d'autrui ; l'homme primitif affamé dont tous les bonds sont provoqués par les spasmes qui tordent ses entrailles, l'esclave romain perpétuellement tendu vers les ordres d'un surveillant armé d'un fouet, l'ouvrier moderne qui travaille à la chaîne, approchent de cette condition misérable. Quant à la liberté complète, on peut en trouver un modèle abstrait dans un problème d'arithmétique ou de géométrie bien résolu ; car dans un problème tous les éléments de la solution sont donnés, et l'homme ne peut attendre de secours que de son propre jugement, seul capable d'établir entre ces éléments le rapport qui constitue par lui-même la solution cherchée. Les efforts et les victoires de la mathématique ne dépassent pas le cadre de la feuille de papier, royaume des signes et des dessins ; une vie entièrement libre serait celle où toutes les difficultés réelles se présenteraient comme des sortes de problèmes, où toutes les victoires seraient comme des solutions mises en action. Tous les éléments du succès seraient alors donnés, c'est-à-dire connus et maniables comme sont les signes du mathématicien ; pour obtenir le résultat voulu, il suffirait de mettre ces éléments en rapport grâce à la direction méthodique qu'imprimerait la pensée non plus à de simples traits de plume, mais à des mouvements effectifs et qui laisseraient leur marque dans le monde. Pour mieux dire, l'accomplissement de n'importe quel ouvrage consisterait en une combinaison d'efforts aussi consciente et aussi méthodique que peut l'être la combinaison de chiffres par laquelle s'opère la solution d'un problème lorsqu'elle procède de la réflexion. L'homme aurait alors constamment son propre sort en main ; il forgerait à chaque moment les conditions de sa propre existence par un acte de la pensée. Le simple désir, il est vrai, ne le mènerait à rien ; il ne recevrait rien gratuitement ; et même les possibilités d'effort efficace seraient pour lui étroitement limitées. Mais le fait même de ne pouvoir rien obtenir sans avoir mis en action, pour le conquérir, toutes les puissances de la pensée et du corps, permettrait à l'homme de s'arracher sans retour à l'emprise aveugle des passions. Une vue claire du possible et de l'impossible, du facile et du difficile, des peines qui séparent le projet de l'accomplissement efface seule les désirs insatiables et les craintes vaines ; de là et non d'ailleurs procèdent la tempérance et le courage, vertus sans lesquelles la vie n'est qu'un honteux délire. Au reste toute espèce de vertu a sa source dans la rencontre qui heurte la pensée humaine à une matière sans indulgence et sans perfidie. On ne peut rien concevoir de plus grand pour l'homme qu'un sort qui le mette directement aux prises avec la nécessité nue, sans qu'il ait rien à attendre que de soi, et tel que sa vie soit une perpétuelle création de lui-même par lui-même. L'homme est un être borné à qui il n'est pas donné d'être, comme le Dieu des théologiens, l'auteur direct de sa propre existence ; mais l'homme posséderait l'équivalent humain de cette puissance divine si les conditions matérielles qui lui permettent d'exister étaient exclusivement l'œuvre de sa pensée dirigeant l'effort de ses muscles. Telle serait la liberté véritable.

Cette liberté n'est qu'un idéal, et ne peut pas plus se trouver dans une situation réelle que la droite parfaite ne peut être tracée par le crayon. Mais cet idéal sera utile à concevoir si nous pouvons apercevoir en même temps ce qui nous sépare de lui, et quelles circonstances peuvent nous en éloigner ou nous en approcher. L'obstacle qui apparaît le premier est constitué par la complexité et l'étendue de ce monde auquel nous avons affaire, complexité et étendue qui dépassent infiniment la portée de notre esprit. Les difficultés de la vie réelle ne constituent pas des problèmes à notre mesure ; elles sont comme des problèmes dont les données seraient en quantité innombrable, car la matière est doublement indéfinie, eu égard et à l'extension et à la divisibilité. Aussi est-il impossible à un esprit humain de tenir compte de tous les facteurs dont dépend le succès de l'action en apparence la plus simple ; n'importe quelle situation laisse place à des hasards sans nombre, et les choses échappent à notre pensée comme des fluides qu'on voudrait prendre entre les doigts. Dès lors il semblerait que la pensée ne puisse s'exercer que sur de vaines combinaisons de signes, et que l'action doive se réduire au tâtonnement le plus aveugle. Mais en fait il n'en est pas ainsi. Certes nous ne pouvons jamais agir à coup sûr ; mais cela n'importe pas tant qu'on pourrait le croire. Nous pouvons aisément supporter que les conséquences de nos actions dépendent de hasards incontrôlables ; ce qu'il nous faut à tout prix soustraire au hasard, ce sont nos actions elles-mêmes, et cela de manière à les soumettre à la direction de la pensée. Il suffit pour cela que l'homme puisse concevoir une chaîne d'intermédiaires unissant les mouvements dont il est capable aux résultats qu'il veut obtenir ; et il le peut souvent, grâce à la stabilité relative qui persiste, à travers les aveugles remous de l'univers, à l'échelle de l'organisme humain, et qui seule permet à cet organisme de subsister. Certes cette chaîne d'intermédiaires ne constitue jamais qu'un schéma abstrait ; quand on passe à l'exécution, des accidents peuvent à chaque instant intervenir pour déjouer les plans les mieux établis ; mais si l'intelligence a su élaborer clairement le plan abstrait de l'action à exécuter, cela veut dire qu'elle est arrivée non certes à éliminer le hasard, mais à lui faire une part circonscrite et limitée, et, pour ainsi dire, à le filtrer, en classant par rapport à ce plan la masse indéfinie des accidents possibles en quelques séries bien déterminées. Ainsi l'esprit est impuissant à se reconnaître dans les remous innombrables que forment en pleine mer le vent et l'eau ; mais si on place au milieu de ces remous un bateau dont voiles et gouvernail soient disposés de telle ou telle manière, on peut faire la liste des actions qu'ils peuvent lui faire subir. Tous les outils sont ainsi, d'une manière plus ou moins parfaite, comme des instruments à définir les hasards. L'homme pourrait de la sorte éliminer le hasard sinon autour de lui, du moins en lui-même ; cependant cela même est un idéal inaccessible. Le monde est trop fertile en situations dont la complexité nous dépasse pour que l'instinct, la routine, le tâtonnement, l'improvisation puissent jamais cesser de jouer un rôle dans nos travaux ; l'homme ne peut que restreindre de plus en plus ce rôle grâce aux progrès de la science et de la technique. Ce qui importe, c'est que ce rôle soit subordonné et n'empêche pas la méthode de constituer l'âme même du travail. Il faut aussi qu'il apparaisse comme provisoire, et que routine et tâtonnement soient toujours considérés non pas comme des principes d'action, mais comme des pis-aller destinés à combler les lacunes de la pensée méthodique ; c'est à quoi les hypothèses scientifiques nous aident puissamment, en nous faisant concevoir les phénomènes à moitié connus comme régis par des lois analogues à celles qui déterminent les phénomènes les plus clairement compris. Et même là où nous ne savons rien, nous pouvons encore supposer que de semblables lois s'appliquent ; cela suffit pour éliminer, à défaut de l'ignorance, le sentiment du mystère, et nous faire comprendre que nous vivons dans un monde où l'homme ne doit attendre de miracles que de soi.

Il est cependant une source de mystère que nous ne pouvons éliminer, et qui n'est autre que notre propre corps. L'extrême complexité des phénomènes vitaux peut peut-être être progressivement débrouillée, tout au moins dans une certaine mesure ; mais une ombre impénétrable enveloppera toujours le rapport immédiat qui lie nos pensées à nos mouvements. Dans ce domaine nous ne pouvons concevoir aucune nécessité, du fait même que nous ne pouvons pas déterminer des chaînons intermédiaires ; au reste la notion de nécessité, telle que la pensée humaine la forme, n'est proprement applicable qu'à la matière. On ne peut même trouver dans les phénomènes en question, à défaut d'une nécessité clairement concevable, une régularité même approximative. Parfois les réactions du corps vivant sont complètement étrangères à la pensée ; parfois, mais rarement, elles en exécutent simplement les ordres ; plus souvent elles accomplissent ce que l'âme a désiré sans que celle-ci y prenne aucune part ; souvent aussi elles accompagnent les vœux formés par l'âme sans y correspondre d'aucune manière ; d'autres fois encore elles précèdent les pensées. Aucun classement n'est possible. C'est pourquoi, lorsque les mouvements du corps vivant jouent le premier rôle dans la lutte contre la nature, la notion même de nécessité peut difficilement se former ; en cas de succès la nature semble obéir ou complaire immédiatement aux désirs, et, en cas d'échec, les repousser. C'est ce qui a lieu dans les actions accomplies ou sans instruments ou avec des instruments si bien adaptés aux membres vivants qu'ils ne font guère qu'en prolonger les mouvements naturels. On peut comprendre ainsi que les primitifs, malgré leur habileté extrême à accomplir tout ce dont ils ont besoin pour subsister, se représentent le rapport entre l'homme et le monde sous l'aspect non du travail, mais de la magie. Entre eux et le réseau de nécessités qui constitue la nature et définit les conditions réelles de l'existence s'interposent dès lors comme un écran toutes sortes de caprices mystérieux à la merci desquels ils croient se trouver ; et si peu oppressive que puisse être la société qu'ils forment, ils n'en sont pas moins esclaves par rapport à ces caprices imaginaires, souvent interprétés d'ailleurs par des prêtres et des sorciers en chair et en os. Ces croyances survivent sous forme de superstitions, et, contrairement à ce que nous aimons à penser, aucun homme n'en est complètement dégagé ; mais leur emprise perd sa force à mesure que, dans la lutte contre la nature, le corps vivant passe au second plan et les instruments inertes au premier. C'est le cas lorsque les instruments, cessant de se modeler sur la structure de l'organisme humain, le contraignent au contraire à adapter ses mouvements à leur forme. Dès lors il n'y a plus aucune correspondance entre les gestes à exécuter et les passions ; la pensée doit se soustraire au désir et à la crainte, et s'appliquer uniquement à établir un rapport exact entre les mouvements imprimés aux instruments et le but poursuivi. La docilité du corps en pareil cas est une espèce de miracle, mais un miracle dont la pensée n'a pas à tenir compte ; le corps, rendu comme fluide par l'habitude, selon la belle expression de Hegel, fait simplement passer dans les instruments les mouvements conçus par l'esprit. L'attention se porte exclusivement sur les combinaisons formées par les mouvements de la matière inerte, et la notion de nécessité apparaît dans sa pureté, sans aucun mélange de magie. Par exemple, sur terre et porté par les désirs et les craintes qui meuvent ses jambes pour lui, l'homme se trouve souvent avoir passé d'un lieu à un autre sans savoir comment ; sur mer au contraire, comme les désirs et les craintes n'ont pas prise sur le bateau, il faut perpétuellement ruser et combiner, disposer voiles et gouvernail, transformer la poussée du vent par un enchaînement d'artifices qui ne peut être l'œuvre que d'une pensée lucide. On ne peut pas réduire entièrement le corps humain à ce rôle d'intermédiaire docile entre la pensée et les instruments, mais on peut l'y réduire de plus en plus ; c'est à quoi contribue chaque progrès de la technique.

Mais, par malheur, quand même on arriverait à soumettre strictement et jusque dans le détail tous les travaux sans exception à la pensée méthodique, un nouvel obstacle à la liberté surgirait aussitôt, à cause de la profonde différence de nature qui sépare la spéculation théorique et l'action. En réalité, il n'y a rien de commun entre la résolution d'un problème et l'exécution d'un travail même parfaitement méthodique, entre l'enchaînement des notions et l'enchaînement des mouvements. Celui qui s'attaque à une difficulté d'ordre théorique procède en allant du simple au complexe, du clair à l'obscur ; les mouvements du travailleur ne sont pas, eux, plus simples ou plus clairs les uns que les autres, mais simplement ceux qui précèdent, sont la condition de ceux qui suivent. Par ailleurs la pensée rassemble le plus souvent ce que l'exécution doit séparer, ou sépare ce que l'exécution doit unir. C'est pourquoi, lorsqu'un travail quelconque présente à la pensée des difficultés non immédiatement surmontables, il est impossible d'unir l'examen de ces difficultés et l'exécution du travail ; l'esprit doit d'abord résoudre le problème théorique par ses procédés propres, et ensuite la solution peut être appliquée à l'action. On ne peut dire en pareil cas que l'action soit à proprement parler méthodique ; elle est conforme à la méthode, ce qui est bien différent. La différence est capitale ; car celui qui applique la méthode n'a pas besoin de la concevoir au moment où il l'applique. Bien plus, s'il s'agit de choses compliquées, il ne le peut, quand il l'aurait élaborée lui-même ; car l'attention, toujours contrainte de se porter sur le moment présent de l'exécution, ne peut guère embrasser en même temps l'enchaînement de rapports dont dépend l'ensemble de l'exécution. Dès lors ce qui est exécuté, ce n'est pas une pensée, c'est un schéma abstrait indiquant une suite de mouvements, et aussi peu pénétrable à l'esprit, au moment de l'exécution, qu'une recette due à la simple routine ou un rite magique. Par ailleurs une seule et même conception est applicable, avec ou sans modifications de détail, un nombre indéfini de fois ; car bien que la pensée embrasse d'un coup la série des applications possibles d'une méthode, l'homme n'est pas dispensé pour autant de les réaliser une par une toutes les fois que c'est nécessaire. Ainsi à un seul éclair de pensée correspond une quantité illimitée d'actions aveugles. Il va de soi que ceux qui reproduisent indéfiniment l'application de telle ou telle méthode de travail ne se sont souvent jamais donné la peine de la comprendre ; il arrive au reste fréquemment que chacun d'eux ne soit chargé que d'une partie de l'exécution, toujours la même, cependant que ses compagnons font le reste. Dès lors on se trouve en présence d'une situation paradoxale ; à savoir qu'il y a de la méthode dans les mouvements du travail, mais non pas dans la pensée du travailleur. On dirait que la méthode a transféré son siège de l'esprit dans la matière. C'est ce dont les machines automatiques offrent la plus frappante image. Du moment que la pensée qui a élaboré une méthode d'action n'a pas besoin d'intervenir dans l'exécution, on peut confier cette exécution à des morceaux de métal aussi bien et mieux qu'à des membres vivants ; et on se trouve ainsi devant le spectacle étrange de machines où la méthode s'est si parfaitement cristallisée en métal qu'il semble que ce soit elles qui pensent, et les hommes attachés à leur service qui soient réduits à l'état d'automates. Au reste cette opposition entre l'application et l'intelligence de la méthode se retrouve, absolument identique, dans le cadre même de la pure théorie. Pour prendre un exemple simple, il est tout à fait impossible, au moment où l'on fait une division difficile, d'avoir la théorie de la division présente à l'esprit ; et cela non seulement parce que cette théorie, qui repose sur le rapport de la division à la multiplication, est d'une certaine complexité, mais surtout parce que en exécutant chacune des opérations partielles au bout desquelles la division est accomplie, on oublie que les chiffres représentent tantôt des unités, tantôt des dizaines, tantôt des centaines. Les signes se combinent selon les lois des choses qu'ils signifient ; mais, faute de pouvoir conserver le rapport de signe à signifié perpétuellement présent à l'esprit, on les manie comme s'ils se combinaient d'après leurs propres lois ; et de ce fait les combinaisons deviennent inintelligibles, ce qui veut dire qu'elles s'accomplissent automatiquement. Le caractère machinal des opérations arithmétiques est illustré par l'existence de machines à compter ; mais un comptable aussi n'est pas autre chose qu'une machine à compter imparfaite et malheureuse. La mathématique ne progresse qu'en travaillant sur les signes, en élargissant leur signification, en créant des signes de signes ; ainsi les lettres courantes de l'algèbre représentent des quantités quelconques, ou même des opérations virtuelles, comme c'est le cas pour les valeurs négatives ; d'autres lettres représentent des fonctions algébriques, et ainsi de suite. Comme à chaque étage, si l'on peut ainsi parler, on en arrive inévitablement à perdre de vue le rapport de signe à signifié, les combinaisons de signes, bien que toujours rigoureusement méthodiques, deviennent bien vite impénétrables à la pensée. Il n'existe pas de machine algébrique satisfaisante, bien que plusieurs tentatives aient été faites dans ce sens ; mais les calculs algébriques n'en sont pas moins le plus souvent aussi automatiques que le travail du comptable. Ou pour mieux dire ils le sont plus, en ce sens qu'ils le sont, en quelque sorte, essentiellement. Après avoir fait une division, on peut toujours réfléchir sur elle, en rendant aux signes leur signification, jusqu'à ce qu'on ait compris le pourquoi de chaque partie de l'opération ; mais il n'en est pas de même en algèbre, où les signes, à force d'être maniés et comblés entre eux en tant que tels, finissent par faire preuve d'une efficacité dont leur signification ne rend pas compte. Tels sont, par exemple, les signes e et i ; en les maniant convenablement, on aplanit merveilleusement toutes sortes de difficultés, et notamment si on les combine d'une certaine manière avec π, on arrive à l'affirmation que la quadrature du cercle est impossible ; cependant aucun esprit au monde ne conçoit quel rapport les quantités, si on peut les nommer ainsi, que désignent ces lettres peuvent avoir avec le problème de la quadrature du cercle. Le calcul met les signes en rapport sur le papier, sans que les objets signifiés soient en rapport dans l'esprit ; de sorte que la question même de la signification des signes finit par ne plus rien vouloir dire. On se trouve ainsi avoir résolu un problème par une sorte de magie, sans que l'esprit ait mis en rapport les données et la solution. Dès lors là aussi, comme dans le cas de la machine automatique, la méthode semble avoir pour domaine les choses au lieu de la pensée ; seulement, en l'occurrence, les choses ne sont pas des morceaux de métal, mais des traits sur du papier blanc. C'est ainsi qu'un, savant a pu dire : « Mon crayon en sait plus que moi. » Il va de soi que les mathématiques supérieures ne sont pas un pur produit de l'automatisme, et que la pensée et même le génie ont eu part et ont part à leur élaboration ; il en résulte un extraordinaire mélange d'opérations aveugles avec des éclairs de pensée ; mais là où la pensée ne domine pas tout, elle joue nécessairement un rôle subordonné. Et plus le progrès de la science accumule les combinaisons toutes faites de signes, plus la pensée est écrasée, impuissante à faire l'inventaire des notions qu'elle manie. Bien entendu, le rapport des formules ainsi élaborées avec les applications pratiques dont elles sont susceptibles est, lui aussi, souvent tout à fait impénétrable à la pensée, et, de ce fait, apparaît comme aussi fortuit que l'efficacité d'une formule magique. Le travail se trouve en pareil cas automatique pour ainsi dire la deuxième puissance ; ce n'est pas seulement l'exécution, c'est aussi l'élaboration de la méthode de travail qui s'accomplit sans être dirigée par la pensée. On pourrait concevoir, à titre de limite abstraite, une civilisation où toute activité humaine, dans le domaine du travail comme dans celui de la spéculation théorique, serait soumise jusque dans le détail à une rigueur toute mathématique, et cela sans qu'aucun être humain comprenne quoi que ce soit à ce qu'il ferait ; la notion de nécessité serait alors absente de tous les esprits, et cela d'une manière tout autrement radicale que chez les peuplades primitives dont nos sociologues affirment qu'elles ignorent la logique.

Par opposition, le seul mode de production pleinement libre serait celui où la pensée méthodique se trouverait à l'œuvre tout au cours du travail. Les difficultés à vaincre devraient être si variées que jamais il ne fût possible d'appliquer des règles toutes faites ; non certes que le rôle des connaissances acquises doive être nul ; mais il faut que le travailleur soit obligé de toujours garder présente à l'esprit la conception directrice du travail qu'il exécute, de manière à pouvoir l'appliquer intelligemment à des cas particuliers toujours nouveaux. Une telle présence d'esprit a naturellement pour condition que cette fluidité du corps que produisent l'habitude et l'habileté atteigne un degré fort élevé. Il faut aussi que toutes les notions utilisées au cours du travail soient assez lumineuses pour pouvoir être évoquées tout entières en un clin d'œil ; il dépend de la souplesse plus ou moins grande de l'intelligence, mais plus encore de la voie plus ou moins directe par laquelle une notion s'est formée dans l'esprit, que la mémoire puisse conserver la notion elle-même ou seulement la formule qui lui servait d'enveloppe. Par ailleurs il va de soi que le degré de complication des difficultés à résoudre ne doit jamais être trop élevé, sous peine d'établir une coupure entre la pensée et l'action. Bien entendu un tel idéal ne pourra jamais être pleinement réalisable ; on ne peut pas éviter, dans la vie pratique, d'accomplir des actions qu'il soit impossible de comprendre au moment où on les accomplit, soit qu'il faille se fier à des règles toutes faites ou bien à l'instinct, au tâtonnement, à la routine. Mais on peut du moins élargir peu à peu le domaine du travail lucide, et cela peut-être indéfiniment. Il suffirait à cette fin que l'homme visât non plus à étendre indéfiniment ses connaissances et son pouvoir, mais plutôt à établir, aussi bien dans l'étude que dans le travail, un certain équilibre entre l'esprit et l'objet auquel l'esprit s'applique.

Mais il existe encore un autre facteur de servitude ; c'est pour chacun l'existence des autres hommes. Et même, à y bien regarder, c'est à proprement parler le seul facteur de servitude ; l'homme seul peut asservir l'homme. Les primitifs mêmes ne seraient pas esclaves de la nature s'ils n'y logeaient des êtres imaginaires analogues à l'homme, et dont les volontés sont d'ailleurs interprétées par des hommes. En ce cas comme dans tous les autres, c'est le monde extérieur qui est la source de la puissance ;

mais si derrière les forces infinies de la nature il n'y avait pas, soit par fiction, soit en réalité, des volontés divines ou humaines, la nature pourrait briser l'homme et non pas l'humilier. La matière peut démentir les prévisions et ruiner les efforts, elle n'en demeure pas moins inerte, faite pour être conçue et maniée du dehors ; mais on ne peut jamais ni pénétrer ni manier du dehors la pensée humaine. Dans la mesure où le sort d'un homme dépend d'autres hommes, sa propre vie échappe non seulement à ses mains, mais aussi à son intelligence ; le jugement et la résolution n'ont plus rien à quoi s'appliquer ; au lieu de combiner et d'agir, il faut s'abaisser à supplier ou à menacer ; et l'âme tombe dans des gouffres sans fond de désir et de crainte, car il n'y a pas de limites aux satisfactions et aux souffrances qu'un homme peut recevoir des autres hommes. Cette dépendance avilissante n'est pas le fait des opprimés seuls, mais au même titre quoique de manières différentes, des opprimés et des puissants. Comme l'homme puissant ne vit que de ses esclaves, l'existence d'un monde inflexible lui échappe presque entièrement ; ses ordres lui paraissent contenir en eux-mêmes une efficacité mystérieuse ;

il n'est jamais capable à proprement parler de vouloir, mais est en proie à des désirs auxquels jamais la vue claire de la nécessité ne vient apporter une limite. Comme il ne conçoit pas d'autre méthode d'action que de commander, quand il lui arrive, comme cela est inévitable, de commander en vain, il passe tout d'un coup du sentiment d'une puissance absolue au sentiment d'une impuissance radicale, ainsi qu'il arrive souvent dans les rêves ; et les craintes sont alors d'autant plus accablantes qu'il sent continuellement sur lui la menace de ses rivaux. Quant aux esclaves, ils sont, eux, continuellement aux prises avec la matière ; seulement leur sort dépend non de cette matière qu'ils brassent, mais de maîtres aux caprices desquels on ne peut assigner ni lois ni limites.

Mais ce serait encore peu de chose de dépendre d'êtres qui, bien qu'étrangers, sont du moins réels, et qu'on peut sinon pénétrer, du moins voir, entendre, deviner par analogie avec soi-même. En réalité, dans toutes les sociétés oppressives, un homme quelconque, à quelque rang qu'il se trouve, dépend non seulement de ceux qui sont placés au-dessus ou au-dessous de lui, mais avant tout du jeu même de la vie collective, jeu aveugle qui détermine seul les hiérarchies sociales ; et peu importe à cet égard que la puissance laisse apparaître son origine essentiellement collective ou bien semble loger dans certains individus déterminés comme la vertu dormitive dans l'opium. Or s'il y a au monde quelque chose d'absolument abstrait, d'absolument mystérieux, d'inaccessible aux sens et à la pensée, c'est la collectivité ; l'individu qui en est membre ne peut, semble-t-il, l'atteindre ni la saisir par aucune ruse, peser sur elle par aucun levier ; il se sent vis-à-vis d'elle de l'ordre de l'infiniment petit. Si les caprices d'un individu apparaissent à tous les autres comme arbitraires, les secousses de la vie collective semblent l'être à la deuxième puissance. Ainsi entre l'homme et cet univers qui lui est assigné par le sort comme l'unique matière de sa pensée et de son action, les rapports d'oppression et de servitude placent d'une manière permanente l'écran impénétrable de l'arbitraire humain. Quoi d'étonnant si au lieu d'idées on ne rencontre guère que des opinions, au lieu d'action une agitation aveugle ? On ne pourrait se représenter la possibilité d'un progrès quelconque au seul vrai sens de ce mot, c'est-à-dire un progrès dans l'ordre des valeurs humaines, que si l'on pouvait concevoir à titre de limite idéale une société qui armerait l'homme contre le monde sans l'en séparer.

Pas plus que l'homme n'est fait pour être le jouet d'une nature aveugle, il n'est fait pour être le jouet des collectivités aveugles qu'il forme avec ses semblables ; mais pour cesser d'être livré à la société aussi passivement qu'une goutte d'eau à la mer, il faudrait qu'il puisse et la connaître et agir sur elle. Dans tous les domaines, il est vrai, les forces collectives dépassent infiniment les forces individuelles ; ainsi l'on ne peut pas plus facilement concevoir un individu disposant même d'une portion de la vie collective qu'une ligne s'allongeant par l'addition d'un point. C'est là du moins l'apparence ; mais en réalité il y a une exception et une seule, à savoir le domaine de la pensée. En ce qui concerne la pensée, le rapport est retourné ; là l'individu dépasse la collectivité autant que quelque chose dépasse rien, car la pensée ne se forme que dans un esprit se trouvant seul en face de lui-même ; les collectivités ne pensent point. Il est vrai que la pensée ne constitue nullement une force par elle-même. Archimède a été tué, dit-on, par un soldat ivre ; et si on l'avait mis à tourner une meule sous le fouet d'un surveillant d'esclaves, il aurait tourné exactement de la même manière que l'homme le plus épais. Dans la mesure où la pensée plane au-dessus de la mêlée sociale, elle peut juger, mais non pas transformer. Toutes les forces sont matérielles ; l'expression de force spirituelle est essentiellement contradictoire ; la pensée ne peut être unc force que dans la mesure où elle est matériellement indispensable. Pour exprimer la même idée sous un autre aspect, l'homme n'a rien d'essentiellement individuel, n'a rien qui lui soit absolument propre, si ce n'est la faculté de penser ; et cette société dont il dépend étroitement à chaque instant de son existence dépend en retour quelque peu de lui dès le moment où elle a besoin qu'il pense. Car tout le reste peut être imposé du dehors par la force, y compris les mouvements du corps, mais rien au monde ne peut contraindre un homme à exercer sa puissance de pensée, ni lui soustraire le contrôle de sa propre pensée. Si l'on a besoin qu'un esclave pense, il vaut mieux lâcher le fouet ; sinon l'on a bien peu de chances d'obtenir des résultats de bonne qualité. Ainsi, si l'on veut former, d'une manière purement théorique, la conception d'une société où la vie collective serait soumise aux hommes considérés en tant qu'individus au lieu de se les soumettre, il faut se représenter une forme de vie matérielle dans laquelle n'interviendraient que des efforts exclusivement dirigés par la pensée claire, ce qui impliquerait que chaque travailleur ait lui-même à contrôler, sans se référer à aucune règle extérieure, non seulement l'adaptation de ses efforts avec l'ouvrage à produire, mais encore leur coordination avec les efforts de tous les autres membres de la collectivité. La technique devrait être de nature à mettre perpétuellement à l'œuvre la réflexion méthodique ; l'analogie entre les techniques des différents travaux devrait être assez étroite et la culture technique assez étendue pour que chaque travailleur se fasse une idée nette de toutes les spécialités ; la coordination devrait s'établir d'une manière assez simple pour que chacun en ait perpétuellement une connaissance précise, en ce qui concerne la coopération des travailleurs aussi bien que les échanges des produits ; les collectivités ne seraient jamais assez étendues pour dépasser la portée d'un esprit humain ; la communauté des intérêts serait assez évidente pour effacer les rivalités ; et comme chaque individu serait en état de contrôler l'ensemble de la vie collective, celle-ci serait toujours conforme à la volonté générale. Les privilèges fondés sur l'échange des produits, les secrets de la production ou la coordination des travaux se trouveraient automatiquement abolis. La fonction de coordonner n'impliquerait plus aucune puissance, puisqu'un contrôle continuel exercé par chacun rendrait toute décision arbitraire impossible. D'une manière générale la dépendance des hommes les uns vis-à-vis des autres n'impliquerait plus que leur sort se trouve livré à l'arbitraire, et elle cesserait d'introduire dans la vie humaine quoi que ce soit de mystérieux, puisque chacun serait en état de contrôler l'activité de tous les autres en faisant appel à sa seule raison. Il n'y a qu'une seule et même raison pour tous les hommes ; ils ne deviennent étrangers et impénétrables les uns aux autres que lorsqu'ils s'en écartent ; ainsi une société où toute la vie matérielle aurait pour condition nécessaire et suffisante que chacun exerce sa raison pourrait être tout à fait transparente pour chaque esprit. Quant au stimulant nécessaire pour surmonter les fatigues, les douleurs et les dangers, chacun le trouverait dans le désir d'obtenir l'estime de ses compagnons, mais plus encore en lui-même ; pour les travaux qui sont des créations de l'esprit, la contrainte extérieure, devenue inutile et nuisible, est remplacée par une sorte de contrainte intérieure ; le spectacle de l'ouvrage inachevé attire l'homme libre aussi puissamment que le fouet pousse l'esclave. Une telle société serait seule une société d'hommes libres, égaux et frères. Les hommes seraient à vrai dire pris dans des liens collectifs, mais exclusivement en leur qualité d'hommes ; ils ne seraient *jamais* traités les uns par les autres comme des choses. Chacun verrait en chaque compagnon de travail un autre soi-même placé à un autre poste, et l'aimerait comme le veut la maxime évangélique. Ainsi l'on posséderait en plus de la liberté un bien plus précieux encore ; car si rien n'est plus odieux que l'humiliation et l'avilissement de l'homme par l'homme, rien n'est si beau ni si doux que l'amitié.

Ce tableau, considéré en lui-même, est si possible plus éloigné encore des conditions réelles de la vie humaine que la fiction de l'âge d'or. Mais à la différence de cette fiction il peut servir, en tant qu'idéal, de point de repère pour l'analyse et l'appréciation des formes sociales réelles. Le tableau d'une vie sociale absolument oppressive et soumettant tous les individus au jeu d'un mécanisme aveugle était lui aussi purement théorique ; l'analyse qui situerait une société par rapport à ces deux tableaux serrerait déjà de plus près la réalité, tout en demeurant très abstraite. Il apparaît ainsi une nouvelle méthode d'analyse sociale qui n'est pas celle de Marx, bien qu'elle parte, comme le voulait Marx, des rapports de production ; mais au lieu que Marx, dont la conception reste d'ailleurs peu précise sur ce point, semble avoir voulu ranger les modes de production en fonction, du rendement, on les analyserait en fonction des rapports entre la pensée et l'action. Il va de soi qu'un tel point de vue n'implique nullement que l'humanité ait évolué, au cours de l'histoire, des formes les moins conscientes aux formes les plus conscientes de la production ; la notion de progrès est indispensable à quiconque cherche à forger d'avance l'avenir, mais elle ne peut qu'égarer l'esprit quand on étudie le passé. Il faut alors y substituer la notion d'une échelle des valeurs conçue en dehors du temps ; mais il n'est pas non plus possible de disposer les diverses formes sociales en série sur une telle échelle. Ce que l'on peut faire, c'est rapporter à une semblable échelle tel ou tel aspect de la vie sociale prise à une époque déterminée. Il est assez clair que les travaux diffèrent réellement entre eux par quelque chose qui ne se rapporte ni au bien-être, ni au loisir, ni à la sécurité, et qui pourtant tient au cœur de tout homme ; un pêcheur qui lutte contre les flots et le vent sur son petit bateau, bien qu'il souffre du froid, de la fatigue, du manque de loisir et même de sommeil, du danger, d'un niveau de vie primitif, a un sort plus enviable que l'ouvrier qui travaille à la chaîne, pourtant mieux partagé sur presque tous ces points. C'est que son travail ressemble beaucoup plus au travail d'un homme libre, quoique la routine et l'improvisation aveugle y aient une part parfois assez large. L'artisan du Moyen Âge occupe lui aussi, de ce point de vue, une place assez honorable, bien que le « tour de main » qui joue un si grand rôle dans tous les travaux faits à la main soit dans une large mesure quelque chose d'aveugle ; quant à l'ouvrier pleinement qualifié formé par la technique des temps modernes, il est peut-être ce qui ressemble le plus au travailleur parfait.

On trouve des différences analogues dans l'action collective ; une équipe de travailleurs à la chaîne surveillés par un contremaître est un triste spectacle, au lieu qu'il est beau de voir une poignée d'ouvriers du bâtiment, arrêtés par une difficulté, réfléchir chacun de son côté, indiquer divers moyens d'action, et appliquer unanimement la méthode conçue par l'un d'eux, lequel peut indifféremment avoir ou ne pas avoir une autorité officielle sur les autres. Dans de pareils moments l'image d'une collectivité libre apparaît presque pure. Quant au rapport entre la nature du travail et la condition du travailleur, il est évident, lui aussi, dès qu'on jette un coup d'œil sur l'histoire ou sur la société actuelle ; même les esclaves antiques étaient traités avec égards lorsqu'on les employait comme médecins ou comme pédagogues. Mais toutes ces remarques ne portent encore que sur des détails. Une méthode qui permettrait d'aboutir à des vues d'ensemble concernant les diverses organisations sociales en fonction des notions de servitude et de liberté serait plus précieuse.

Il faudrait tout d'abord dresser quelque chose comme une carte de la vie sociale, carte dans laquelle seraient indiqués les points où il est indispensable que la pensée s'exerce, et par suite, si l'on peut ainsi parler, les zones d'influence de l'individu sur la société. On peut distinguer trois manières dont la pensée peut intervenir dans la vie sociale ; elle peut élaborer des spéculations purement théoriques, dont des techniciens appliqueront ensuite les résultats ; elle peut s'exercer dans l'exécution ; elle peut s'exercer dans le commandement et la direction. Dans tous les cas, il ne s'agit que d'un exercice partiel et pour ainsi dire mutilé de la pensée, puisque jamais l'esprit n'y embrasse pleinement son objet ; mais c'est assez pour que ceux qui sont obligés de penser lorsqu'ils s'acquittent de leur fonction sociale conservent mieux que les autres la forme humaine. Cela n'est pas vrai seulement des opprimés, mais de tous les degrés de l'échelle sociale. Dans une société fondée sur l'oppression, ce ne sont pas seulement les faibles, mais aussi les plus puissants qui sont asservis aux exigences aveugles de la vie collective, et il y a amoindrissement du cœur et de l'esprit chez les uns comme chez les autres, bien que de manière différente ; or si l'on oppose deux couches sociales oppressives telles que, par exemple, les citoyens d'Athènes et la bureaucratie soviétique, on trouve une distance au moins aussi grande qu'entre un de nos ouvriers qualifiés et un esclave grec. Quant aux conditions selon lesquelles la pensée a plus ou moins part à l'exercice du pouvoir, il serait facile de les établir d'après le degré de complication et d'étendue des affaires, le caractère général des difficultés à résoudre et la répartition des fonctions. Ainsi les membres d'une société oppressive ne se distinguent pas seulement d'après le lieu plus élevé ou plus bas où ils se trouvent accrochés au mécanisme social, mais aussi par le caractère plus conscient ou plus passif de leurs rapports avec lui, et cette seconde distinction, plus importante que la première, est sans lien direct avec elle. Quant à l'influence que les hommes chargés de fonctions sociales soumises à la direction de leur propre intelligence peuvent exercer sur la société dont ils font partie, elle dépend, bien entendu, de la nature et de l'importance de ces fonctions ; il serait fort intéressant de poursuivre l'analyse jusqu'au détail sur ce point, mais aussi fort difficile. Un autre facteur très important des relations entre l'oppression sociale et les individus est constitué par les facultés de contrôle plus ou moins étendues que peuvent exercer, sur les diverses fonctions qui consistent essentiellement à coordonner, les hommes qui n'en sont pas investis ; il est clair que plus ces fonctions échappent au contrôle, plus la vie collective est écrasante pour l'ensemble des individus. Il faut enfin tenir compte du caractère des liens qui maintiennent l'individu dans la dépendance matérielle de la société qui l'entoure ; ces liens sont tantôt plus lâches et tantôt plus étroits, et il peut s'y trouver des différences considérables, selon qu'un homme est plus ou moins contraint, à chaque moment de son existence, de se tourner vers autrui pour avoir les moyens de consommer, les moyens de produire, et se préserver des périls. Par exemple un ouvrier qui possède un jardin assez grand pour l'approvisionner en légumes est plus indépendant que ceux de ses camarades qui doivent demander toute leur nourriture aux marchands ; un artisan qui possède ses outils est plus indépendant qu'un ouvrier d'usine dont les mains deviennent inutiles lorsqu'il plaît au patron de lui retirer l'usage de sa machine. Quant à la défense contre les dangers, la situation de l'individu à cet égard dépend du mode de combat que pratique la société où il se trouve ; là où le combat est le monopole des membres d'une certaine couche sociale, la sécurité de tous les autres dépend de ces privilégiés ; là où la puissance des armements et le caractère collectif du combat donnent le monopole de la force militaire au pouvoir central, celui-ci dispose à son gré de la sécurité des citoyens. En résumé la société la moins mauvaise est celle où le commun des hommes se trouve le plus souvent dans l'obligation de penser en agissant, a les plus grandes possibilités de contrôle sur l'ensemble de la vie collective et possède le plus d'indépendance. Au reste les conditions nécessaires pour diminuer le poids oppressif du mécanisme social se contrarient les unes les autres dès que certaines limites sont dépassées ; ainsi il ne s'agit pas de s'avancer aussi loin que possible dans une direction déterminée, mais, ce qui est beaucoup plus difficile, de trouver un certain équilibre optimum.

La conception purement négative d'un affaiblissement de l'oppression sociale ne peut par elle-même donner un objectif aux gens de bonne volonté. Il est indispensable de se faire au moins une représentation vague de la civilisation à laquelle on souhaite que l'humanité parvienne ; et peu importe que cette représentation tienne plus de la simple rêverie que de la pensée véritable. Si les analyses précédentes sont correctes, la civilisation la plus pleinement humaine serait celle qui aurait le travail manuel pour centre, celle où le travail manuel constituerait la suprême valeur. Il ne s'agit de rien de pareil à la religion de la production qui régnait en Amérique pendant la période de prospérité, qui règne en Russie depuis le plan quinquennal ; car cette religion a pour objet véritable les produits du travail et non le travailleur, les choses et non l'homme. Ce n'est pas par son rapport avec ce qu'il produit que le travail manuel doit devenir la valeur la plus haute, mais par son rapport avec l'homme qui l'exécute ; il ne doit pas être l'objet d'honneurs ou de récompenses, mais constituer pour chaque être humain ce dont il a besoin le plus essentiellement pour que sa vie prenne par elle-même un sens et une valeur à ses propres yeux. Même de nos jours, les activités qu'on nomme désintéressées, sport ou même art ou même pensée, n'arrivent peut-être pas à donner l'équivalent de ce que l'on éprouve à se mettre directement aux prises avec le monde par un travail non machinal.

Rimbaud se plaignait que « nous ne sommes pas au monde » et que « la vraie vie est absente » ; en ces moments de joie et de plénitude incomparables on sait par éclairs que la vraie vie est là, on éprouve par tout son être que le monde existe et que l'on est au monde. Même la fatigue physique n'arrive pas à diminuer la puissance de ce sentiment, mais plutôt, tant qu'elle n'est pas excessive, elle l'augmente. S'il en peut être ainsi à notre époque, quelle merveilleuse plénitude de vie ne pourrait-on pas attendre d'une civilisation où le travail serait assez transformé pour exercer pleinement toutes les facultés, pour constituer l'acte humain par excellence ? Il devrait alors se trouver au centre même de la culture. Naguère la culture était considérée par beaucoup comme une fin en soi, et de nos jours ceux qui y voient plus qu'une simple distraction y cherchent d'ordinaire un moyen de s'évader de la vie réelle. Sa valeur véritable consisterait au contraire à préparer à la vie réelle, à armer l'homme pour qu'il puisse entretenir, avec cet univers qui est son partage et avec ses frères dont la condition est identique à la sienne, des rapports dignes de la grandeur humaine. La science est aujourd'hui regardée par les uns comme un simple catalogue de recettes techniques, par les autres comme un ensemble de pures spéculations de l'esprit qui se suffisent à elles-mêmes ; les premiers font trop peu de cas de l'esprit et les seconds du monde. La pensée est bien la suprême dignité de l'homme ; mais elle s'exerce à vide, et par suite ne s'exerce qu'en apparence, lorsqu'elle ne saisit pas son objet, lequel ne peut être que l'univers. Or ce qui procure aux spéculations abstraites des savants ce rapport avec l'univers qui seul leur donne une valeur concrète, c'est le fait qu'elles sont directement ou indirectement applicables. De nos jours, il est vrai, leurs propres applications leur demeurent étrangères ; ceux qui élaborent ou étudient ces spéculations le font sans penser à leur valeur théorique. Du moins il en est le plus souvent ainsi. Le jour où il serait impossible de comprendre les notions scientifiques, même les plus abstraites, sans apercevoir clairement, du même coup, leur rapport avec des applications possibles, et également impossible d'appliquer même indirectement ces notions sans les connaître et les comprendre à fond, la science serait devenue concrète et le travail conscient ; et alors seulement l'une et l'autre auront leur pleine valeur. Jusque-là science et travail auront toujours quelque chose d'incomplet et d'inhumain. Ceux qui ont dit jusqu'ici que les applications sont le but de la science voulaient dire que la vérité ne vaut pas la peine d'être cherchée et que le succès seul importe ; mais on pourrait l'entendre autrement ; on peut concevoir une science qui se proposerait comme fin dernière de perfectionner la technique non pas en la rendant plus puissante, mais simplement plus consciente et plus méthodique. Au reste le rendement pourrait bien progresser en même temps que la lucidité ; « cherchez d'abord le royaume des cieux et tout le reste vous sera donné par surcroît ». Une telle science serait en somme une méthode pour maîtriser la nature, ou un catalogue des notions indispensables pour arriver à cette maîtrise, disposées selon un ordre qui les rende transparentes à l'esprit. C'est sans doute ainsi que Descartes a conçu la science. Quant à l'art d'une semblable civilisation, il cristalliserait dans des œuvres l'expression de cet heureux équilibre entre l'esprit et le corps, entre l'homme et l'univers, qui ne peut exister en acte que dans les formes les plus nobles du travail physique ; au reste, même dans le passé, les œuvres d'art les plus pures ont toujours exprimé le sentiment, ou, pour parler d'une manière peut-être plus exacte, le pressentiment d'un tel équilibre. Le sport aurait pour fin essentielle de donner au corps humain cette souplesse et, comme dit Hegel, cette fluidité qui le rend pénétrable à la pensée et permet à celle-ci d'entrer directement en contact avec les choses. Les rapports sociaux seraient directement modelés sur l'organisation du travail ; les hommes se grouperaient en petites collectivités travailleuses, où la coopération serait la loi suprême, et où chacun pourrait clairement comprendre et contrôler le rapport des règles auxquelles sa vie serait soumise avec l'intérêt général. Au reste chaque moment de l'existence apporterait à chacun l'occasion de comprendre et d'éprouver combien tous les hommes sont profondément un, puisqu'ils ont tous à mettre aux prises une même raison avec des obstacles analogues ; et tous les rapports humains, depuis les plus superficiels jusqu'aux plus tendres, auraient quelque chose de cette fraternité virile qui unit les compagnons de travail.

Sans doute c'est là une pure utopie. Mais décrire même sommairement un état de choses qui serait meilleur que ce qui est, c'est toujours bâtir une utopie ; pourtant rien n'est plus nécessaire à la vie que des descriptions semblables, pourvu qu'elles soient toujours dictées par la raison. Toute la pensée moderne depuis la Renaissance est d'ailleurs imprégnée d'aspirations plus ou moins vagues vers cette civilisation utopique ; on a même pu croire quelque temps que c'était cette civilisation qui se formait, et qu'on entrait dans l'époque où la géométrie grecque descendrait sur la terre. Descartes l'a certainement cru, ainsi que quelques-uns de ses contemporains. Au reste la notion du travail considéré comme une valeur humaine est sans doute l'unique conquête spirituelle qu'ait faite la pensée humaine depuis le miracle grec ; c'était peut-être là la seule lacune à l'idéal de vie humaine que la Grèce a élaboré et qu'elle a laissé après elle comme un héritage impérissable. Bacon est le premier qui ait fait apparaître cette notion. À l'antique et désespérante malédiction de la Genèse, qui faisait apparaître le monde comme un bagne et le travail comme la marque de l'esclavage et de l'abjection des hommes, il a substitué dans un éclair de génie la véritable charte des rapports de l'homme avec le monde :

« L'homme commande à la nature en lui obéissant. » Cette formule si simple devrait constituer à elle seule la Bible de notre époque. Elle suffit pour définir le travail véritable, celui qui fait les hommes libres, et cela dans la mesure même où il est un acte de soumission consciente à la nécessité. Après Descartes, les savants ont progressivement glissé à considérer la science pure comme un but en soi ; mais l'idéal d'une vie consacrée à une forme libre de labeur physique a commencé en revanche à apparaître aux écrivains ; et même il domine l'œuvre maîtresse du poète généralement considéré comme le plus aristocratique de tous, à savoir Goethe. Faust, symbole de l'âme humaine dans sa poursuite inlassable du bien, abandonne avec dégoût la recherche abstraite de la vérité, devenue à ses yeux un jeu vide et stérile ; l'amour ne le conduit qu'à détruire l'être aimé ; la puissance politique et militaire se révèle comme un pur jeu d'apparences ; la rencontre de la beauté le comble, seulement l'espace d'un éclair ; la situation de chef d'entreprise lui donne un pouvoir qu'il croit substantiel, mais qui le livre néanmoins à la tyrannie des passions. Il aspire enfin à être dépouillé de sa puissance magique, qu'on peut considérer comme le symbole de toute espèce de puissance ; il s'écrie : « Si je me tenais devant toi, Nature, seulement en ma qualité d'homme, cela vaudrait alors la peine d'être une créature humaine » ; et il finit par atteindre, au moment de mourir, le pressentiment du bonheur le plus plein, en se représentant une vie qui s'écoulerait librement parmi un peuple libre et qu'occuperait tout entière un labeur physique pénible et dangereux, mais accompli au milieu d'une fraternelle coopération. Il serait facile de citer encore d'autres noms illustres, parmi lesquels Rousseau, Shelley et surtout Tolstoï, qui a développé ce thème tout au long de son œuvre avec un accent incomparable. Quant au mouvement ouvrier, toutes les fois qu'il a su échapper à la démagogie, c'est sur la dignité du travail qu'il a fondé les revendications des travailleurs. Proudhon osait écrire : « Le génie du plus simple artisan l'emporte autant sur les matériaux qu'il exploite que l'esprit d'un Newton sur les sphères inertes dont il calcule les distances, les masses et les révolutions » ; Marx, dont l'œuvre enferme bien des contradictions, donnait comme caractéristique essentielle de l'homme, par opposition avec les animaux, le fait qu'il produit les conditions de sa propre existence et ainsi se produit indirectement lui-même. Les syndicalistes révolutionnaires, qui mettent au centre de la question sociale la dignité du producteur considéré comme tel, se rattachent au même courant. Dans l'ensemble, nous pouvons avoir la fierté d'appartenir à une civilisation qui a apporté avec elle le pressentiment d'un idéal nouveau.

Esquisse de la vie sociale contemporaine

Il est impossible de concevoir quoi que ce soit de plus contraire à cet idéal que la forme qu'a prise de nos jours la civilisation moderne, au terme d'une évolution de plusieurs siècles. Jamais l'individu n'a été aussi complètement livré à une collectivité aveugle, et jamais les hommes n'ont été plus incapables non seulement de soumettre leurs actions à leurs pensées, mais même de penser. Les termes d'oppresseurs et d'opprimés, la notion de classes, tout cela est bien près de perdre toute signification, tant sont évidentes l'impuissance et l'angoisse de tous les hommes devant la machine sociale, devenue une machine à briser les cœurs, à écraser les esprits, une machine à fabriquer de l'inconscience, de la sottise, de la corruption, de la veulerie, et surtout du vertige.

La cause de ce douloureux état de choses est bien claire. Nous vivons dans un monde où rien n'est à la mesure de l'homme ; il y a une disproportion monstrueuse entre le corps de l'homme, l'esprit de l'homme et les choses qui constituent actuellement les éléments de la vie humaine ; tout est déséquilibre. Il n'existe pas de catégorie, de groupe ou de classe d'hommes qui échappe tout à fait à ce déséquilibre dévorant, à l'exception peut-être de quelques îlots de vie plus primitive ; et les jeunes, qui y ont grandi, qui y grandissent, reflètent plus que les autres à l'intérieur d'eux-mêmes le chaos qui les entoure. Ce déséquilibre est essentiellement une affaire de quantité. La quantité se change en qualité, comme l'a dit Hegel, et en particulier une simple différence de quantité suffit à transporter du domaine de l'humain au domaine de l'inhumain. Abstraitement les quantités sont indifférentes, puisqu'on peut changer arbitrairement l'unité de mesure ; mais concrètement certaines unités de mesure sont données et sont demeurées jusqu'ici invariables, par exemple le corps humain, la vie humaine, l'année, la journée, la rapidité moyenne de la pensée humaine. La vie actuelle n'est pas organisée à la mesure de toutes ces choses ; elle s'est transportée dans un tout autre ordre de grandeurs, comme si l'homme s'efforçait de l'élever au niveau des forces de la nature extérieure en négligeant de tenir compte de sa nature propre. Si l'on ajoute que, selon toute apparence, le régime économique a épuisé sa capacité de construction et commence à ne pouvoir fonctionner qu'en sapant peu à peu ses bases matérielles, on apercevra dans toute sa simplicité l'essence véritable de la misère sans fond qui constitue le lot des générations présentes. En apparence presque tout s'accomplit de nos jours méthodiquement ; la science est reine, le machinisme envahit peu à peu tout le domaine du travail, les statistiques prennent une importance croissante, et, sur un sixième du globe, le pouvoir central tente de régler l'ensemble de la vie sociale d'après des plans. Mais en réalité l'esprit méthodique disparaît progressivement, du fait que la pensée trouve de moins en moins où mordre. Les mathématiques constituent à elles seules un ensemble trop vaste et trop complexe pour pouvoir être embrassé par un esprit ; à plus forte raison le tout formé par les mathématiques et les sciences de la nature ; à plus forte raison le tout formé par la science et ses applications ; et d'autre part tout est trop étroitement lié pour que la pensée puisse véritablement saisir des notions partielles. Or tout ce que l'individu devient impuissant à dominer, la collectivité s'en empare. C'est ainsi que la science est depuis longtemps déjà et dans une mesure de plus en plus large une œuvre collective. À vrai dire les résultats nouveaux sont toujours en fait l'œuvre d'hommes déterminés ; mais, sauf peut-être de rares exceptions, la valeur d'un résultat quelconque dépend d'un ensemble si complexe de rapports avec les découvertes passées et avec les recherches possibles que l'esprit même de l'inventeur ne peut en faire le tour. Ainsi les clartés, en s'accumulant, font figure d'énigmes, à la manière d'un verre trop épais qui cesse d'être transparent. À plus forte raison la vie pratique prend un caractère de plus en plus collectif, et l'individu comme tel y est de plus en plus insignifiant. Les progrès de la technique et la production en série réduisent de plus en plus les ouvriers à un rôle passif ; ils en arrivent dans une proportion croissante et dans une mesure de plus en plus grande à une forme de travail qui leur permet d'accomplir les gestes nécessaires sans en concevoir le rapport avec le résultat final. D'autre part une entreprise est devenue quelque chose de trop vaste et de trop complexe pour qu'un homme puisse pleinement s'y reconnaître ; et d'ailleurs, dans tous les domaines, tous les hommes qui se trouvent aux postes importants de la vie sociale sont chargés d'affaires qui dépassent considérablement la portée d'un esprit humain. Quant à l'ensemble de la vie sociale, elle dépend de tant de facteurs dont chacun est impénétrablement obscur et qui se mêlent en des rapports inextricables que personne n'aurait même l'idée de chercher à en concevoir le mécanisme. Ainsi la fonction sociale la plus essentiellement attachée à l'individu, celle qui consiste à coordonner, à diriger, à décider, dépasse les capacités individuelles et devient dans une certaine mesure collective et comme anonyme.

Dans la mesure même où ce qu'il y a de systématique dans la vie contemporaine échappe à l'emprise de la pensée, la régularité y est établie par des choses qui constituent l'équivalent de ce que serait la pensée collective si la collectivité pensait. La cohésion de la science est assurée par des signes ; à savoir d'une part par des mots ou des expressions toutes faites qu'on utilise au-delà de ce que comporteraient les notions qui y étaient primitivement renfermées, d'autre part par les calculs algébriques. Dans le domaine du travail, les choses qui assument les fonctions essentielles sont les machines. La chose qui met en rapport production et consommation et qui règle l'échange des produits, c'est la monnaie. Enfin là où la fonction de coordonner et de diriger est trop lourde pour l'intelligence et la pensée d'un homme seul, elle est confiée à une machine étrange, dont les pièces sont des hommes, où les engrenages sont constitués par des règlements, des rapports et des statistiques, et qui se nomme organisation bureaucratique. Toutes ces choses aveugles imitent à s'y méprendre l'effort de la pensée. Le simple jeu du calcul algébrique est parvenu plus d'une fois à ce qu'on pourrait appeler une notion nouvelle, à cela près que ces simili-notions n'ont pas d'autre contenu que des rapports de signes ; et ce même calcul est souvent merveilleusement propre à transformer des séries de résultats expérimentaux en lois, avec une facilité déconcertante qui rappelle les transformations fantastiques que l'on voit dans les dessins animés.

Les machines automatiques semblent présenter le modèle du travailleur intelligent, fidèle, docile et consciencieux. Quant à la monnaie, les économistes ont longtemps été persuadés qu'elle possède la vertu d'établir entre les diverses fonctions économiques des rapports harmonieux. Et les mécanismes bureaucratiques parviennent presque à remplacer des chefs. Ainsi dans tous les domaines la pensée, apanage de l'individu, est subordonnée à de vastes mécanismes qui cristallisent la vie collective, et cela au point qu'on a presque perdu le sens de ce qu'est la véritable pensée. Les efforts, les peines, les ingéniosités des êtres de chair et de sang que le temps amène par vagues successives à la vie sociale n'ont de valeur sociale et d'efficacité qu'à condition de venir à leur tour se cristalliser dans ces grands mécanismes. Le renversement du rapport entre moyens et fins, renversement qui est dans une certaine mesure la loi de toute société oppressive, devient ici total ou presque, et s'étend à presque tout. Le savant ne fait pas appel à la science afin d'arriver à voir plus clair dans sa propre pensée, mais aspire à trouver des résultats qui puissent venir s'ajouter à la science constituée. Les machines ne fonctionnent pas pour permettre aux hommes de vivre, mais on se résigne à nourrir les hommes afin qu'ils servent les machines. L'argent ne fournit pas un procédé commode pour échanger les produits, c'est l'écoulement des marchandises qui est un moyen pour faire circuler l'argent. Enfin l'organisation n'est pas un moyen pour exercer une activité collective, mais l'activité d'un groupe, quel qu'il puisse être, est un moyen pour renforcer l'organisation. Un autre aspect du même renversement consiste dans le fait que les signes, mots et formules algébriques dans le domaine de la connaissance, monnaie et symboles de crédit dans la vie économique, font fonction de réalités dont les choses réelles ne constitueraient que les ombres, exactement comme dans le conte d'Andersen où le savant et son ombre intervertissaient leurs rôles ; c'est que les signes sont la matière des rapports sociaux, au lieu que la perception de la réalité est chose individuelle. La dépossession de l'individu au profit de la collectivité n'est au reste pas totale, et elle ne peut l'être ; mais on conçoit mal comment elle pourrait aller beaucoup plus loin qu'aujourd'hui. La puissance et la concentration des armements mettent toutes les vies humaines à la merci du pouvoir central. En raison de l'extension formidable des échanges, la plupart des hommes ne peuvent atteindre la plupart des choses qu'ils consomment que par l'intermédiaire de la société et contre de l'argent ; les paysans eux-mêmes sont aujourd'hui soumis dans une large mesure à cette nécessité d'acheter. Et comme la grande industrie est un régime de production collective, bien des hommes sont contraints, pour que leurs mains puissent atteindre la matière du travail, de passer par une collectivité qui se les incorpore et les astreint à une tâche plus ou moins servile ; lorsque la collectivité les repousse, la force et l'habileté de leurs mains restent vaines. Les paysans eux-mêmes, qui échappaient jusqu'ici à cette condition misérable, y ont été réduits récemment sur un sixième du globe. Un état de choses aussi étouffant suscite bien çà et là une réaction individualiste ; l'art, et notamment la littérature, en porte des traces ; mais comme en vertu des conditions objectives, cette réaction ne peut mordre ni sur le domaine de la pensée ni sur celui de l'action, elle demeure enfermée dans les jeux de la vie intérieure ou dans ceux de l'aventure et des actes gratuits, c'est-à-dire qu'elle ne sort pas du royaume des ombres ; et tout porte à croire que même cette ombre de réaction est vouée à disparaître presque complètement.

Quand l'homme est à ce point asservi, les jugements de valeur ne peuvent se fonder, en quelque domaine que ce soit, que sur un critérium purement extérieur ; il n'y a pas, dans le langage, de terme assez étranger à la pensée pour exprimer convenablement quelque chose d'aussi dépourvu de sens ; mais l'on peut dire que ce critérium se définit par l'efficacité, à condition d'entendre par là des succès remportés à vide. Même une notion scientifique n'est pas appréciée d'après son contenu, lequel peut être tout à fait inintelligible, mais d'après les facilités qu'elle procure pour coordonner, abréger, résumer. Dans le domaine économique, une entreprise est jugée non d'après l'utilité réelle des fonctions sociales qu'elle remplit, mais d'après l'extension qu'elle a prise et la rapidité avec laquelle elle se développe ; et ainsi pour tout. Ainsi le jugement des valeurs est en quelque sorte confié aux choses au lieu de l'être à la pensée. L'efficacité des efforts de toute espèce doit toujours, il est vrai, être contrôlée par la pensée, car, d'une manière générale, tout contrôle procède de l'esprit ; mais la pensée est réduite à un rôle si subalterne qu'on peut dire, pour simplifier, que la fonction de contrôler est passée de la pensée aux choses. Mais cette complication exorbitante de toutes les activités théoriques et pratiques qui a ainsi découronné la pensée en arrive, lorsqu'elle s'aggrave encore, à rendre ce contrôle exercé par les choses à son tour défectueux et presque impossible. Tout est alors aveugle. C'est ainsi que, dans le domaine de la science, l'accumulation démesurée des matériaux de toute espèce aboutit à un chaos tel que le moment semble proche où tout système apparaîtra comme arbitraire. Le chaos de la vie économique est encore bien plus évident. Dans l'exécution même du travail, la subordination d'esclaves irresponsables à des chefs débordés par la quantité des choses à surveiller, et d'ailleurs irresponsables eux aussi dans une large mesure, est cause de malfaçons et de négligences innombrables ; ce mal, d'abord limité aux grandes entreprises industrielles, s'est étendu aux champs là où les paysans sont asservis à la manière des ouvriers, c'est-à-dire en Russie soviétique. L'extension formidable du crédit empêche la monnaie de jouer son rôle régulateur en ce qui concerne les échanges et les rapports des diverses branches de la production ; et c'est bien en vain que l'on essaierait d'y remédier à coups de statistiques. L'extension parallèle de la spéculation aboutit à rendre la prospérité des entreprises indépendante, dans une large mesure, de leur bon fonctionnement, du fait que les ressources apportées par la production même de chacune d'elles comptent de moins en moins à côté de l'apport perpétuel de capital nouveau. Bref, dans tous les domaines, le succès est devenu quelque chose de presque arbitraire ; il apparaît de plus en plus comme l'œuvre du pur hasard ; et comme il constituait la règle unique dans toutes les branches de l'activité humaine, notre civilisation est envahie par un désordre continuellement croissant, et ruinée par un gaspillage proportionnel au désordre. Cette transformation s'accomplit au moment même où les sources de profit d'où l'économie capitaliste a autrefois tiré son développement prodigieux se font de moins en moins abondantes, où les conditions techniques du travail imposent par elles-mêmes au progrès de l'équipement industriel un rythme rapidement décroissant.

Tant de changements profonds se sont opérés presque à notre insu, et pourtant nous vivons une période où l'axe même du système social est pour ainsi dire en train de se retourner. Tout au cours de l'essor du régime industriel la vie sociale s'est trouvée orientée dans le sens de la construction. L'équipement industriel de la planète était par excellence le terrain sur lequel se livrait la lutte pour le pouvoir. Faire grandir une entreprise plus vite que ses rivales, et cela par ses propres ressources, tel était en général le but de l'activité économique. L'épargne était la règle de la vie économique ; on restreignait au maximum la consommation non seulement des ouvriers, mais aussi des capitalistes, et, d'une manière générale, toutes les dépenses tendant à autre chose qu'à l'équipement industriel. Les gouvernements avaient avant tout pour mission de préserver la paix civile et internationale. Les bourgeois avaient le sentiment qu'il en serait indéfiniment ainsi, pour le plus grand bonheur de l'humanité ; mais il ne pouvait pas en être indéfiniment ainsi. De nos jours, la lutte pour le pouvoir, tout en gardant dans une certaine mesure l'apparence des mêmes formes, a complètement changé de nature. L'augmentation formidable de la part prise dans les entreprises par le capital matériel, si on la compare à celle du travail vivant, la diminution rapide du taux de profit qui en a résulté, la masse perpétuellement croissante des frais généraux, le gaspillage, le coulage, l'absence de tout élément régulateur permettant d'ajuster les diverses branches de la production, tout empêche que l'activité sociale puisse encore avoir pour pivot le développement de l'entreprise par la transformation du profit en capital. Il semble que la lutte économique ait cessé d'être une rivalité pour devenir une sorte de guerre. Il s'agit non plus tant de bien organiser le travail que d'arracher la plus grande part possible de capital disponible épars dans la société en écoulant des actions, et d'arracher ensuite la plus grande quantité possible de l'argent dispersé de toutes parts en écoulant des produits ; tout se joue dans le domaine de l'opinion et presque de la fiction, à coups de spéculation et de publicité. Le crédit étant à la clef de tout succès économique, l'épargne est remplacée par les dépenses les plus folles. Le terme de propriété est devenu presque vide de sens ; il ne s'agit plus pour l'ambitieux de faire prospérer une affaire dont il serait le propriétaire, mais de faire passer sous son contrôle le plus large secteur possible de l'activité économique. En un mot, pour caractériser d'une manière d'ailleurs vague et sommaire cette transformation d'une obscurité presque impénétrable, il s'agit à présent dans la lutte pour la puissance économique bien moins de construire que de conquérir ; et comme la conquête est destructrice, le système capitaliste, demeuré pourtant en apparence à peu près le même qu'il y a cinquante ans, s'oriente tout entier vers la destruction. Les moyens de la lutte économique, publicité, luxe, corruption, investissements formidables reposant presque entièrement sur le crédit, écoulement de produits inutiles par des procédés presque violents, spéculations destinées à ruiner les entreprises rivales, tendent tous à saper les bases de notre vie économique bien plutôt qu'à les élargir. Mais tout cela est peu de chose auprès de deux phénomènes connexes qui commencent à apparaître clairement et à faire peser sur la vie de chacun une menace tragique ; à savoir d'une part le fait que l'État tend de plus en plus, et avec une extraordinaire rapidité, à devenir le centre de la vie économique et sociale, et d'autre part la subordination de l'économique au militaire. Si l'on essaie d'analyser ces phénomènes dans le détail, on est arrêté par un enchevêtrement presque inextricable de causes et d'effets réciproques ; mais la tendance générale est assez claire. Il est assez naturel que le caractère de plus en plus bureaucratique de l'activité économique favorise les progrès de la puissance de l'État, lequel est l'organisation bureaucratique par excellence. La transformation profonde de la lutte économique joue dans le même sens ; l'État est incapable de construire, mais du fait qu'il concentre entre ses mains les moyens de contrainte les plus puissants, il est amené en quelque sorte par son poids même à devenir peu à peu l'élément central là où il s'agit de conquérir et de détruire. Enfin, étant donné que l'extraordinaire complication des opérations d'échanges et de crédit empêche désormais que la monnaie puisse suffire à coordonner la vie économique, il faut bien qu'un semblant de coordination bureaucratique y supplée ; et l'organisation bureaucratique centrale, qui est l'appareil d'État, doit naturellement être amenée tôt ou tard à prendre la haute main dans cette coordination. Le pivot autour duquel tourne la vie sociale ainsi transformée n'est autre que la préparation à la guerre. Dès lors que la lutte pour la puissance s'opère par la conquête et la destruction, autrement dit par une guerre économique diffuse, il n'est pas étonnant que la guerre proprement dite vienne au premier plan. Et comme la guerre est la forme propre de la lutte pour la puissance lorsque les compétiteurs sont des États, tout progrès dans la mainmise de l'État sur la vie économique a pour effet d'orienter la vie industrielle dans une mesure encore un peu plus grande vers la préparation à la guerre ; cependant que réciproquement les exigences continuellement croissantes de la préparation à la guerre contribuent à soumettre de jour en jour davantage l'ensemble des activités économiques et sociales de chaque pays à l'autorité du pouvoir central. Il apparaît assez clairement que l'humanité contemporaine tend un peu partout à une forme totalitaire d'organisation sociale, pour employer le terme que les nationaux-socialistes ont mis à la mode, c'est-à-dire à un régime où le pouvoir d'État déciderait souverainement dans tous les domaines, même et surtout dans le domaine de la pensée. La Russie offre un exemple presque parfait d'un tel régime, pour le plus grand malheur du peuple russe ; les autres pays ne pourront que s'en approcher, à moins de bouleversements analogues à celui d'octobre 1917, mais il semble inévitable que tous s'en approchent plus ou moins au cours des années qui viennent. Cette évolution ne fera que donner au désordre une forme bureaucratique, et accroître encore l'incohérence, le gaspillage, la misère. Les guerres amèneront une consommation insensée de matières premières et d'outillage, une folle destruction des biens de toute espèce que nous ont légués les générations précédentes. Quand le chaos et la destruction auront atteint la limite à partir de laquelle le fonctionnement même de l'organisation économique et sociale sera devenu matériellement impossible, notre civilisation périra ; et l'humanité, revenue à un niveau de vie plus ou moins primitif et à une vie sociale dispersée en des collectivités beaucoup plus petites, repartira sur une voie nouvelle qu'il nous est absolument impossible de prévoir.

Se figurer que l'on peut aiguiller l'histoire dans une direction différente en transformant le régime à coups de réformes ou de révolutions, espérer le salut d'une action défensive ou offensive contre la tyrannie et le militarisme, c'est rêver tout éveillé. Il n'existe rien sur quoi appuyer même de simples tentatives. La formule de Marx selon laquelle le régime engendrerait ses propres fossoyeurs reçoit tous les jours de cruels démentis ; et l'on se demande d'ailleurs comment Marx a jamais pu croire que l'esclavage puisse former des hommes libres. Jamais encore dans l'histoire un régime d'esclavage n'est tombé sous les coups des esclaves. La vérité, c'est que, selon une formule célèbre, l'esclavage avilit l'homme jusqu'à s'en faire aimer ; que la liberté n'est précieuse qu'aux yeux de ceux qui la possèdent effectivement ; et qu'un régime entièrement inhumain, comme est le nôtre, loin de forger des êtres capables d'édifier une société humaine, modèle à son image tous ceux qui lui sont soumis, aussi bien opprimés qu'oppresseurs. Partout, à des degrés différents, l'impossibilité de mettre en rapport ce qu'on donne et ce qu'on reçoit a tué le sens du travail bien fait, le sentiment de la responsabilité, a suscité la passivité, l'abandon, l'habitude de tout attendre de l'extérieur, la croyance aux miracles. Même aux champs, le sentiment d'un lien profond entre la terre qui nourrit l'homme et l'homme qui travaille la terre s'est effacé dans une large mesure depuis que le goût de la spéculation, les variations imprévisibles des monnaies et des prix ont habitué les paysans à tourner leurs regards du côté de la ville. L'ouvrier n'a pas conscience de gagner sa vie en faisant acte de producteur ; simplement l'entreprise l'asservit chaque jour durant de longues heures, et lui octroie chaque semaine une somme d'argent qui lui donne le pouvoir magique de susciter en un instant des produits tout fabriqués, exactement comme font les riches. La présence de chômeurs innombrables, la cruelle nécessité de mendier une place font apparaître le salaire comme étant moins un salaire qu'une aumône. Quant aux chômeurs eux-mêmes, ils ont beau être des parasites involontaires et d'ailleurs misérables, ils n'en sont pas moins des parasites. D'une manière générale, le rapport entre le travail fourni et l'argent reçu est si difficilement saisissable qu'il apparaît comme presque contingent, de sorte que le travail apparaît comme un esclavage, l'argent comme une faveur. Les milieux que l'on nomme dirigeants sont atteints par la même passivité que tous les autres, du fait que, débordés comme ils sont par un océan de problèmes inextricables, ils ont depuis longtemps renoncé à diriger. On chercherait en vain, du plus haut au plus bas de l'échelle sociale, un milieu d'hommes en qui puisse un jour germer l'idée qu'ils pourraient, le cas échéant, avoir à prendre en main les destinées de la société ; les déclamations des fascistes pourraient seules faire illusion à ce sujet, mais elles sont creuses. Comme il arrive toujours, la confusion mentale et la passivité laissent libre cours à l'imagination. De toutes parts on est obsédé par une représentation de la vie sociale qui, tout en différant considérablement d'un milieu à l'autre, est toujours faite de mystères, de qualités occultes, de mythes, d'idoles, de monstres ; chacun croit que la puissance réside mystérieusement dans un des milieux où il n'a pas accès, parce que presque personne ne comprend qu'elle ne réside nulle part, de sorte que partout le sentiment dominant est cette peur vertigineuse que produit toujours la perte du contact avec la réalité. Chaque milieu apparaît du dehors comme un objet de cauchemar. Dans les milieux qui se rattachent au mouvement ouvrier, les rêves sont hantés par des monstres mythologiques qui ont nom Finance, Industrie, Bourse, Banque et autres ; les bourgeois rêvent d'autres monstres qu'ils nomment meneurs, agitateurs, démagogues ; les politiciens considèrent les capitalistes comme des êtres surnaturels qui possèdent seuls la clef de la situation, et réciproquement ; chaque peuple regarde les peuples d'en face comme des monstres collectifs animés d'une perversité diabolique. On pourrait développer ce thème à l'infini. Dans une pareille situation, n'importe quel soliveau peut être regardé comme un roi et en tenir lieu dans une certaine mesure grâce à cette seule croyance ; et cela n'est pas vrai seulement en ce qui concerne les hommes, mais aussi en ce qui concerne les milieux dirigeants. Rien n'est plus facile non plus que de répandre un mythe quelconque à travers toute une population. Il ne faut pas s'étonner dès lors de l'apparition de régimes « totalitaires » sans précédent dans l'histoire. On dit souvent que la force est impuissante à dompter la pensée ; mais pour que ce soit vrai, il faut qu'il y ait pensée. Là où les opinions irraisonnées tiennent lieu d'idées, la force peut tout. Il est bien injuste de dire par exemple que le fascisme anéantit la pensée libre ; en réalité c'est l'absence de pensée libre qui rend possible d'imposer par la force des doctrines officielles entièrement dépourvues de signification. À vrai dire un tel régime arrive encore à accroître considérablement l'abêtissement général, et il y a peu d'espoir pour les générations qui auront grandi dans les conditions qu'il suscite. De nos jours toute tentative pour abrutir les êtres humains trouve à sa disposition des moyens puissants. En revanche une chose est impossible, quand même on disposerait de la meilleure des tribunes ; à savoir diffuser largement les idées claires, des raisonnements corrects, des aperçus raisonnables.

Il n'y a pas de secours à espérer des hommes ; et quand il en serait autrement, les hommes n'en seraient pas moins vaincus d'avance par la puissance des choses. La société actuelle ne fournit pas d'autres moyens d'action que des machines à écraser l'humanité ; quelles que puissent être les intentions de ceux qui les prennent en main, ces machines écrasent et écraseront aussi longtemps qu'elles existeront. Avec les bagnes industriels que constituent les grandes usines, on ne peut fabriquer que des esclaves, et non pas des travailleurs libres, encore moins des travailleurs qui constitueraient une classe dominante. Avec des canons, des avions, des bombes, on peut répandre la mort, la terreur, l'oppression, mais non pas la vie et la liberté. Avec les masques à gaz, les abris, les alertes, on peut forger de misérables troupeaux d'êtres affolés, prêts à céder aux terreurs les plus insensées et à accueillir avec reconnaissance les plus humiliantes tyrannies, mais non pas des citoyens. Avec la grande presse et la TSF, on peut faire avaler par tout un peuple, en temps que le petit déjeuner ou le repas du soir, des opinions toutes faites et par là même absurdes, car même des vues raisonnables se déforment et deviennent fausses dans l'esprit qui les reçoit sans réflexion ; mais on ne peut avec ces choses susciter même un éclair de pensée. Et sans usines, sans armes, sans grande presse on ne peut rien contre ceux qui possèdent tout cela. Il en est ainsi pour tout. Les moyens puissants sont oppressifs, les moyens faibles sont inopérants. Toutes les fois que les opprimés ont voulu constituer des groupements capables d'exercer une influence réelle, ces groupements, qu'ils aient eu nom partis ou syndicats, ont intégralement reproduit dans leur sein toutes les tares du régime qu'ils prétendaient réformer ou abattre, à savoir l'organisation bureaucratique, le renversement du rapport entre les moyens et les fins, le mépris de l'individu, la séparation entre la pensée et l'action, le caractère machinal de la pensée elle-même, l'utilisation de l'abêtissement et du mensonge comme moyens de propagande, et ainsi de suite. L'unique possibilité de salut consisterait dans une coopération méthodique de tous, puissants et faibles, en vue d'une décentralisation progressive de la vie sociale ; mais l'absurdité d'une telle idée saute immédiatement aux yeux. Une telle coopération ne peut pas s'imaginer même en rêve dans une civilisation qui repose sur la rivalité, sur la lutte, sur la guerre. En dehors d'une telle coopération, il est impossible d'arrêter la tendance aveugle de la machine sociale vers une centralisation croissante, jusqu'à ce que la machine elle-même s'enraye brutalement et vole en éclats. Que peuvent peser les souhaits et les vœux de ceux qui ne sont pas aux postes de commande, alors que, réduits à l'impuissance la plus tragique, ils sont les simples jouets de forces aveugles et brutales ? Quant à ceux qui possèdent un pouvoir économique ou politique, harcelés qu'ils sont d'une manière continuelle par les ambitions rivales et les puissances hostiles, ils ne peuvent travailler à affaiblir leur propre pouvoir sans se condamner presque à coup sûr à en être dépossédés. Plus ils se sentiront animés de bonnes intentions, plus ils seront amenés même malgré eux à tenter d'étendre leur pouvoir pour étendre leur capacité de faire le bien ; ce qui revient à opprimer dans l'espoir de libérer, comme a fait Lénine. Il est de toute évidence impossible que la décentralisation parte du pouvoir central ; dans la mesure même où le pouvoir central s'exerce, il se subordonne tout le reste. D'une manière générale l'idée du despotisme éclairé, qui a toujours eu un caractère utopique, est de nos jours tout à fait absurde. En présence de problèmes dont la variété et la complexité dépassent infiniment les grands comme les petits esprits, aucun despote au monde ne peut être éclairé. Si quelques hommes peuvent espérer, à force de réflexions honnêtes et méthodiques, apercevoir quelques lueurs dans cette obscurité impénétrable, ce n'est certes pas le cas pour ceux que les soucis et les responsabilités du pouvoir privent à la fois de loisir et de liberté d'esprit. Dans une pareille situation, que peuvent faire ceux qui s'obstinent encore, envers et contre tout, à respecter la dignité humaine en eux-mêmes et chez autrui ? Rien, sinon s'efforcer de mettre un peu de jeu dans les rouages de la machine qui nous broie ; saisir toutes les occasions de réveiller un peu la pensée partout où ils le peuvent ; favoriser tout ce qui est susceptible, dans le domaine de la politique, de l'économie ou de la technique, de laisser çà et là à l'individu une certaine liberté de mouvements à l'intérieur des liens dont l'entoure l'organisation sociale. C'est certes quelque chose, mais cela ne va pas loin. Dans l'ensemble, la situation où nous sommes est assez semblable à celle de voyageurs tout à fait ignorants qui se trouveraient dans une automobile lancée à toute vitesse et sans conducteur à travers un pays accidenté. Quand se produira la cassure après laquelle il pourra être question de chercher à construire quelque chose de nouveau ? C'est peut-être une affaire de quelques dizaines d'années, peut-être aussi de siècles. Aucune donnée ne permet de déterminer un délai probable. Il semble cependant que les ressources matérielles de notre civilisation ne risquent pas d'être épuisées avant un temps assez long, même en tenant compte de guerres, et d'autre part, comme la centralisation, en abolissant toute initiative individuelle et toute vie locale, détruit par son existence même tout ce qui pourrait servir de base à une organisation différente, on peut supposer que le système actuel subsistera jusqu'à l'extrême limite des possibilités. Somme toute il paraît raisonnable de penser que les générations qui seront en présence des difficultés suscitées par l'effondrement du régime actuel sont encore à naître. Quant aux générations actuellement vivantes, elles sont peut-être, de toutes celles qui se sont succédé au cours de l'histoire humaine, celles qui auront eu à supporter le plus de responsabilités imaginaires et le moins de responsabilités réelles. Cette situation, une fois pleinement comprise, laisse une liberté d'esprit merveilleuse.

CONCLUSION

Qu'est-ce au juste qui périra et qu'est-ce qui subsistera de la civilisation actuelle ? Dans quelles conditions, en quel sens l'histoire se déroulera-t-elle par la suite ? Ces questions sont insolubles. Ce que nous savons d'avance, c'est que la vie sera d'autant moins inhumaine que la capacité individuelle de penser et d'agir sera plus grande. La civilisation actuelle, dont nos descendants recueilleront sans doute tout au moins des fragments en héritage, contient, nous ne le sentons que trop, de quoi écraser l'homme ; mais elle contient aussi, du moins en germe, de quoi le libérer. Il y a dans notre science, malgré toutes les obscurités qu'amène une sorte de nouvelle scolastique, des éclairs admirables, des parties limpides et lumineuses, des démarches parfaitement méthodiques de l'esprit. Dans notre technique aussi il y a des germes de libération du travail. Non pas sans doute, comme on le croit communément, du côté des machines automatiques ; celles-ci apparaissent bien comme étant propres, du point de vue purement technique, à décharger les hommes de ce que le travail peut contenir de machinal et d'inconscient, mais en revanche elles sont indissolublement liées à une organisation de l'économie centralisée à l'excès, et par suite très oppressive. Mais d'autres formes de la machine-outil ont produit, surtout avant la guerre, le plus beau type peut-être de travailleur conscient qui soit apparu dans l'histoire, à savoir l'ouvrier qualifié. Si, au cours des vingt dernières années, la machine-outil a pris des formes de plus en plus automatiques, si le travail accompli, même sur les machines de modèle relativement ancien, est devenu de plus en plus machinal, c'est la concentration croissante de l'économie qui en est cause. Qui sait si une industrie dispersée en d'innombrables petites entreprises ne susciterait pas une évolution inverse de la machine-outil, et, parallèlement, des formes de travail demandant encore bien plus de conscience et d'ingéniosité que le travail le plus qualifié des usines modernes ? Il est d'autant moins défendu de l'espérer que l'électricité fournit la forme d'énergie qui conviendrait à une semblable organisation industrielle. Étant donné que notre impuissance presque complète à l'égard des maux présents nous dispense du moins, une fois clairement comprise, de nous soucier de l'actualité en dehors des moments où nous en subissons directement l'atteinte, quelle tâche plus noble pourrions-nous assumer que celle de préparer méthodiquement un tel avenir en travaillant à faire l'inventaire de la civilisation présente ? C'est à vrai dire une tâche qui dépasse de très loin les possibilités si restreintes d'une vie humaine ; et d'autre part s'orienter dans une pareille voie, c'est se condamner à coup sûr à la solitude morale, à l'incompréhension, à l'hostilité aussi bien des ennemis de l'ordre existant que de ses serviteurs ; quant aux générations futures, rien ne permet de supposer que le hasard leur fasse même parvenir, le cas échéant, à travers les catastrophes qui nous séparent d'elles, les fragments d'idées que pourraient élaborer de nos jours quelques esprits solitaires. Mais il serait fou de se plaindre d'une telle situation. jamais aucun pacte avec la Providence n'a promis l'efficacité aux efforts même les plus généreux. Et quand on a résolu de ne faire confiance, en soi-même et autour de soi, qu'à des efforts ayant leur source et leur principe dans la pensée de celui même qui les accomplit, il serait ridicule de désirer qu'une opération magique permette d'obtenir de grands résultats avec les forces infimes dont disposent les individus isolés. Ce n'est jamais par de pareilles raisons qu'une âme ferme peut se laisser détourner, quand elle aperçoit clairement une chose à faire, et une seule. Il s'agirait donc de séparer, dans la civilisation actuelle, ce qui appartient de droit à l'homme considéré comme individu et ce qui est de nature à fournir des armes contre lui à la collectivité, tout en cherchant les moyens de développer les premiers éléments au détriment des seconds. En ce qui concerne la science, il ne faut plus essayer d'ajouter à la masse déjà trop grande qu'elle constitue ; il faut en faire le bilan pour permettre à l'esprit d'y mettre en lumière ce qui lui appartient en propre, ce qui est constitué par des notions claires, et de mettre à part ce qui n'est que procédé automatique pour coordonner, unifier, résumer ou même découvrir ; il faut tenter de ramener ces procédés eux-mêmes à des démarches conscientes de l'esprit ; il faut d'une manière générale, partout où on le peut, concevoir et présenter les résultats comme un simple moment dans l'activité méthodique de la pensée. À cet effet une étude sérieuse de l'histoire des sciences est sans doute indispensable. Quant à la technique, il faudrait l'étudier d'une manière approfondie, dans son histoire, dans son état actuel, dans ses possibilités de développement, et cela d'un point de vue tout à fait nouveau, qui ne serait plus celui du rendement, mais celui du rapport du travailleur avec son travail. Enfin il faudrait mettre en pleine lumière l'analogie des démarches qu'accomplit la pensée humaine, d'une part dans la vie quotidienne et notamment dans le travail, d'autre part dans l'élaboration méthodique de la science. Quand même une suite de réflexions ainsi orientées devrait rester sans influence sur l'évolution ultérieure de l'organisation sociale, elle n'en perdrait pas pour cela sa valeur ; les destinées futures de l'humanité ne sont pas l'unique objet qui mérite considération. Seuls des fanatiques peuvent n'attacher de prix à leur propre existence que pour autant qu'elle sert une cause collective ; réagir contre la subordination de l'individu à la collectivité implique qu'on commence par refuser de subordonner sa propre destinée au cours de l'histoire. Pour se déterminer à un pareil effort d'analyse critique, il suffit de comprendre qu'il permettrait à celui qui l'entreprendrait d'échapper à la contagion de la folie et du vertige collectif en renouant pour son compte, par-dessus l'idole sociale, le pacte originel de l'esprit avec l'univers.

TABLE

pcq cmb
édition pré-presse
livres numériques

44400 Rezé

Achevé d'imprimer en septembre 2020
sur les presses de Normandie Roto Impression s.a.s.
61250 Lonrai (Orne)
pour le compte des Éditions Payot & Rivages
60/62, avenue de Saxe - 75015 Paris
N° d'imprimeur : 2003372
Dépôt légal : octobre 2020

Imprimé en France